教材项目规划小组
Teaching Material Project Planning Group

严美华　　姜明宝　　王立峰
田小刚　　崔邦焱　　俞晓敏
赵国成　　宋永波　　郭　鹏

加拿大方咨询小组
Canadian Consulting Group

Dr. Robert Shanmu Chen
Mr. Zheng Zhining
University of British Columbia

Dr. Helen Wu
University of Toronto

Mr. Wang Renzhong
McGill University

中国国家对外汉语教学领导小组办公室规划教材
Project of NOCFL of the People's Republic of China

NEW PRACTICAL CHINESE READER

Workbook

新实用汉语课本

3

（综合练习册）

主编：刘　珣

编者：张　凯　刘社会
陈　曦　左珊丹
施家炜　刘　珣

英译审定：Jerry Schmidt

北京语言大学出版社
BEIJING LANGUAGE AND CULTURE UNIVERSITY PRESS

图书在版编目（CIP）数据

新实用汉语课本·第3册·综合练习册/刘珣主编.
-北京:北京语言大学出版社,2011重印
ISBN 978-7-5619-1252-2

Ⅰ. 新…
Ⅱ. 刘…
Ⅲ. 汉语-对外汉语教学-习题
Ⅳ. H195.4-44

中国版本图书馆CIP数据核字（2003）第069224号

书　　名：新实用汉语课本·第3册·综合练习册
责任印制：汪学发

出版发行：北京语言大学出版社
社　　址：北京市海淀区学院路15号　邮政编码 100083
网　　址：www.blcup.com
电　　话：发行部　82303648/3591/3651
编辑部　82303647/3592
读者服务部　82303653/3908
网上订购电话　82303668
客户服务信箱　service@blcup.net
印　　刷：北京画中画印刷有限公司
经　　销：全国新华书店

版　　次：2003年11第1版　2011年7月第10次印刷
开　　本：889毫米×1194毫米　1/16　印张：10.5
字　　数：109千字
书　　号：ISBN 978-7-5619-1252-2/H·03078
03500

凡有印装质量问题，本社负责调换。电话：82303590

To Our Students

Welcome to the Workbook of *New Practical Chinese Reader*!

New Practical Chinese Reader is a set of *Textbooks*, *Instructor's Manuals*, and *Workbooks*, intended to meet the needs of teachers and students both in and after class. The Workbook is provided mainly for YOU, the students, to use for after-class practices. It contains plenty of exercises on pronunciation, vocabulary, Chinese characters and grammar. It also aims to increase your communicative and linguistic competence in listening, speaking, reading, writing and translating.

These features will facilitate your language learning process:

- Equal emphasis on the fundamental language skills of listening, speaking, reading and writing;
- Ample exercises to enhance language acquisition and retention;
- A detailed, progressively graded exercise structure;
- Special attention to the key points of pronunciation in each lesson.

You will also find this series interesting, timely, and topical; highlighting the texts that are current and useful in their Western-Chinese cultural scope.

Remember a last word of advice as you begin:

Practice makes Perfect.

目　录

CONTENTS

第二十七课
Lesson 27

入乡随俗

Listening and Speaking Exercises

1. Pronunciation drills.

Read the following words or phrases aloud, paying special attention to the pronunciation of "z, zh, c, ch, s, sh, -n, -ng" and the neutral tone.

z ——最热闹　送到嘴里　有朋自远方来，不亦乐乎

zh ——正常的看法　舔手指　这样的照相机

c ——参观餐厅　参加聚会　对西餐感兴趣

ch ——公共场所　习惯用刀叉　老茶馆　坐出租车

s ——入乡随俗　四川寺庙　苏州丝绸

sh ——说话的声音　一壶水　上海的食物

-n ——来一些点心　演奏的声音　买一斤香蕉　去银行换钱　身体不错

-ng——敬香茶　请安静　干净的房间　自行车　汉语水平很高　圣诞节快乐

neutral tone——筷子　刀子　叉子　盘子　和尚　房子　本子　桌子　小燕子

2. Listen to each question and circle the correct answer according to the texts.

(1) A. 陆雨平　B. 马大为　C. 服务员　D. 林娜

(2) A. 公园　B. 老茶馆　C. 咖啡馆　D. 新茶馆

(3) A. 公园　B. 书店　C. 咖啡馆　D. 新茶馆

(4) A. 刀子　B. 盘子　C. 叉子　D. 筷子

3. Listen to the following dialogue and decide whether the statements are true (T) or false (F).

(1) 这家饭馆现在很热闹。　(　　)

(2) 现在是早上九点。 (　　)

(3) 中国人习惯早点儿吃晚饭。 (　　)

(4) 晚上从六点到八点来这儿吃饭的人更少。 (　　)

4. Listen and fill in the blanks.

(1) 西方人__________食物放在自己的盘子里。

(2) 大家一边喝茶,__________聊天。

(3) 对__________来说,这很正常。

(4) 他们常常到别的地方去,__________去咖啡馆。

(5) 咱们到那个公园去__________。

5. Listen and write in *pinyin*.

(1) ____

(2) ____

(3) ____

(4) ____

(5) ____

6. Listen and write the characters.

(1) ____

(2) ____

(3) ____

(4) ____

(5) ____

7. Role-play.

Listen to and imitate the dialogue together with your partner. Try to get the meaning of the dialogue with the help of your friends, teachers, or dictionaries.

8. Culture experience.

你会沏茶吗？问问你的中国朋友或老师应该怎样沏茶？自己试着沏一次茶,这跟煮咖啡可不一样啊!

9. Read the following audience rating of TV programs in the Beijing area and do questions-and-answers with your partner.

北京地区最新一周电视节目收视排行榜		
固定栏目收视前五名一览表		
节目名称	频道	收视率(%)
天气预报(19:00)	BTV-1	24.2
北京新闻	BTV-1	13.1
新闻联播	CCTV-1	12.8
第七日	BTV-1	11.9
法制进行时	BTV-3	9.3
		(统计数据由 AC 尼尔森提供)

Reading and Writing Exercises

1. Trace over the characters, following the correct stroke order. Then copy the characters in the blank spaces.

乡	ㄥ 乡 乡	乡	乡					
叉	フ 又 叉	叉	叉					
干	一 二 干	干	干					
更	一 㫃 㪅 更	更	更					

2. Write the characters in the blank spaces, paying attention to the character components.

suí	阝 + 有 + 辶	随					
sú	亻 + 谷	俗					
wù	夂 + 力	务					

hú	士 + 冖 + 业	壶							
shāo	禾 + 肖	稍							
chá	艹 + 人 + 朩	茶							
jiě	角 + 刀 + 牛	解							
nào	门 + 市	闹							
zuì	曰 + 乡 + 又	最							
wǔ	𠂉 + 卌 + 一 + 夕 + 牛	舞							
bān	扌 + 舟 + 殳	搬							
jìng	青 + 争	静							
kā	口 + 力 + 口	咖							
fēi	口 + 非	啡							
kuài	⺮ + 快	筷							
shí	人 + 良	食							
qiē	土 + 刀	切							
zuǐ	口 + 此 + 角	嘴							
zhǐ	扌 + 旨	指							
tiǎn	舌 + 忝	舔							

jìng	氵 + 争	净						
cān	歺 + 又 + 食	餐						

3. Give the *pinyin* of the following words and phrases and then translate them into English.

(1) 了解
买了一本书
(2) 公共场所
下了一场雨
(3) 一边喝茶一边看书
桌子的一边
(4) 切蛋糕
一切顺利
(5) 帮助
休息
考试
聚会
管理
检查
访问
翻译
声音
语言
(6) 东西
多少
没有
买卖
国家
长短
大小
(7) 优美
安静

刀叉
学习
锻炼
教练
种类

4. **Give the *pinyin* of the following groups of words and then translate them into English. Try to guess the meanings of the words you haven't learned and then confirm them with the help of your friends, teachers, or dictionaries.**

(1) 茶馆
茶壶
茶叶
茶几

(2) 风俗
风情
风味
风景

(3) 正常
正确
正反
正月

(4) 干净
干杯
干脆
干部

(5) 香茶
烧香
香港
睡得香

(6) 发现
发明
发展
发达
发烧

5. **Match each of the following characters in the first line with that in the second to make a word according to the *pinyin* provided. Draw a line to connect the two.**

fúwù　chāhú　liáotiān　rènao　liǎojiě　fāxiàn

shēngyīn　sànbù　ānjìng　chǎngsuǒ　zhèngcháng　gānjìng

了　聊　茶　服　热　发　声　安　干　正　场　散

务　闹　天　解　音　壶　现　常　所　静　步　净

6. **Fill in the blanks with the correct characters.**

(1) 他很______乐。

我用______子。

来一______点心。

(块　决　快　筷)

(2) 洗得很干______。

请大家安______。

(静　挣　净)

(3) 舞台上正在______戏。

他们在咖啡馆______茶。

(喝　唱　吃)

(4) 吃西餐,他用______叉。

他工作很努______。

(力　方　刀)

(5) 您______位来点______什么?

他们四位是日本人。我们______位是中国人。

(儿　几　九)

7. **Organize the characters in parentheses into Chinese sentences according to the *pinyin* given.**

(1) Jīntiān wǒ bǎ nǐmen dàidào zhèr lái.

(我把今天这儿带你们到来)

____

(2) Xīfāngrén bǎ shíwù fàngzài zìjǐ de pánzi li.
(把食物西方人自己的放在盘子里)

____

(3) Tāmen bǎ dà kuài de shíwù qiēchéng xiǎokuài.
(切成把大块他们食物的小块。)

____

(4) Nín bǎ “rù xiāng suí sú” fānyì chéng Yīngyǔ.
(翻译您把英语“入乡随俗”成)

____

(5) Yǒu de rén hái bǎ wǔtái bānjìn cháguǎn lái le.
(还有的人茶馆搬进把舞台来了)

____

(6) Zánmen dào qiánbian nàge gōngyuán sànsànbù.
(前边咱们到公园那个散散步)

____

(7) Duì wǒmen láishuō, zhè hěn zhèngcháng.
(对来说我们,正这很常)

____

(8) fúwùyuán de shēngyīn bǐ shéi dōu dà.
(声音比服务都员谁大的)

____

8. Fill in the blanks with the correct characters according to the *pinyin*.

陆雨平把外国朋友带到老茶馆,去了解那儿的风 sú 俗______。外国朋友觉得茶馆人太多、太热 nao 闹______。林娜觉得中国人在公共 chǎng 场______所说话的声音太大,她有点儿不习惯。他们决定去人少的公园一边 sàn 散______步,一边 liáo 聊______天。他们谈到不同国家的人有不同的风俗，不了 jiě 解______外国文化的人会觉得很不习惯。比如说，中国人吃饭用 kuài 筷______子，西方人吃饭用刀叉。西方人把食物放在自己的盘子里，把大块切成小块，再把它送到嘴里。如果手指上有点儿食物，就 tiǎn 舔______手指，有的中国人看了也很不习 guàn 惯______。他们认为应该“入乡随俗”：中国人在国外的公共场所声音要小点儿；外国人到中国人家里吃饭也不一定要舔手指。

9. Character riddle.

生在山中，一色相同。

放在水中，有绿有红。

(The key is a kind of drink.)

10. Fill in the blanks with the proper verbs.

(1) (吃)一盘点心。

(2) 您几位请慢(走)。

(3) 我(觉得)应该“入乡随俗”。

(4) 他把大块(切)成小块，再把它(送)到嘴里。

(5) 把手指上的食物(舔)干净。

11. Choose the correct answers.

(1) 我们__C__说声音大，这位服务员的声音更大。

A. 再　B. 已经　C. 正在　D. 没

(2) 到茶馆来的人__D__喜欢热闹。

A. 能　B. 还　C. 会　D. 都

(3) 有些事儿他们__B__觉得很不习惯。

A. 不　B. 会　C. 从来　D. 太

(4) 我爸爸妈妈他们__C__是这样。

A. 从　B. 该　C. 也都　D. 会

(5) 我__A__是“入乡随俗”。

A. 就　B. 没有　C. 想　D. 还要

12. Make sentences by matching the words from part I with those from part II with lines.

I	II
他能把这句话	最漂亮
老师的汉字写得	一边听音乐
和咖啡馆比，	很久的天
咱们在这儿聊了	翻译成汉语
我一边排队，	茶馆更热闹

13. Write sentences with the words given.

For example: 说　好　他　得　汉语　很　→　他汉语说得很好。

(1) 国家　发现　别的　有　风俗或习惯　我　不同的

(2) 切成　她　蛋糕　小块　把

(3) 入乡随俗　国外　我们　应该　在

(4) 刚才　游　她　泳　了　一会儿

(5) 在　他　中　他们　高　五个人　最

14. Make sentences with the words given.

(1) 把……带到……

(2) 把……放在……

(3) 把……留在……

(4) 把……看成……

(5) 把……翻译成……

15. Change the following sentences into the statements with complements.

For example: 她每天聊天。　→　她每天聊一个小时天。

(1) 她喜欢夏天游泳。

(2) 中国人习惯在午饭后睡觉。

(3) 每次去银行都得排队。

(4) 我刚才和朋友在公园散步。

(5) 上课前老师说了话。

16. Translate the following sentences into Chinese, using the words given in the parentheses.

(1) I drive to the bank.(把，到)

(2) He speaks Chinese better than me.(更)

(3) Her favorite music is Chinese folk music.(最)

(4) My teacher helps me. (帮了……忙)

(5) We chat while walking.(一边……，一边……)

17. Decide whether the following statements are grammatically correct (T) or wrong (F).

(1) 他翻译这个词成汉语。 (　)
(2) 服务员的声音比我们最大。 (　)
(3) 图书馆就是最安静的地方。 (　)
(4) 我想在这儿聊天一会儿。 (　)
(5) 这个女孩一边年轻，一边漂亮。 (　)

18. Decide whether the following statements are true (T) or false (F) according to the text in "Reading Comprehension and Paraphrasing" of this lesson.

(1) 苏东坡特别喜欢去茶馆。 (　)
(2) 一开始老和尚不知道他就是大文学家苏东坡。 (　)
(3) 苏东坡不但是一位文学家，而且还是一位画家。 (　)
(4) 老和尚嘴里说："上帝啊！" (　)
(5) 老和尚念完苏东坡写的十二个字很高兴。 (　)

19. Answer the following questions.

(1) 你喜欢去国外旅行吗？

(2) 你去过哪些国家(或城市)？

(3) 你发现那些国家(或城市)有特别的风俗习惯吗？是什么？

(4) 你觉得这些风俗习惯怎么样？你习惯吗？

(5) 对他们的风俗习惯，你应该怎么做？

20. Read the passages and do the following exercises.

(1) Fill in each blank with the correct word according to the *pinyin*.

怎样沏(qī)茶？把茶叶(cháyè)放 zài ________茶壶里，用热水洗一下，再用洗茶叶的热水把茶杯洗 gānjìng ________。再往茶壶里加 80 度到 90 度的热水。让它沏几分钟再喝。这样沏出来的茶很香，也很好喝。

(2) Answer the following questions after reading the passage.

中国古代有位著名的书法家叫王羲之。他的儿子王献之小时候跟着他学书法。开始的时候，父亲每天让他练习写"大"字。写了很久，他觉得自己已经写得很好了，就把自己写的"大"字拿给父亲看。父亲没有说话，只是在"大"字下边加了一点，成了"太"字，然后说："去给你母亲看吧。"他拿着"太"字问母亲，这个字写得好不好？母亲说："这下边的一点跟你父亲写得一样好。"王献之听了，脸红了。从此以后，他认真练习，后来成为著名的书法家。

a. 王羲之和王献之是什么关系？

b. 王羲之为什么很有名？

c. 开始时，王羲之每天让儿子做什么？

d. 王献之觉得自己写的“大”字怎么样？

e. 母亲认为王献之写“大”字写得好吗？

f. 王献之为什么会脸红？

(3) Answer the questions according to the passage.

一天，我跟一位法国朋友在茶馆喝茶，他看见服务员给一个中国人送茶时，那位中国人用手指敲桌子。他觉得这样很不礼貌(lǐmào)。我告诉他，那位客人把手指弯(wān)着，轻轻地敲着桌子是表示感谢。

传说，清朝乾隆(Qiánlóng)皇帝游江南的时候，他很喜欢喝西湖龙井茶。每次喝茶时，他都要让跟随的人喝一杯龙井茶。因为乾隆他们是化装(huàzhuāng)成老百姓的，跟随的人不能像在皇宫那样跪拜(guìbài)感谢，他们就把右手手指弯曲成跪拜的样子，在桌上轻轻地敲着，表示感谢皇上。后来这种表示感谢的方式流传到了民间。现在在中国南方，在饭桌上别人给自己倒(dào)茶倒酒时，常用这种方式表示感谢。

这位法国朋友听了，说：“哦！我懂了。这不是很不礼貌，而是很礼貌。”

a.弯着手指敲桌子表示什么意思？

b.这种表示感谢的方式是从什么时候开始的？

21. Complete Lin Na's diary according to the texts of this lesson.

6月8日　　晴

今天朋友把我带到了一家茶馆。中国人喜欢喝茶就和外国人喜欢喝咖啡一样。可是我发现,茶馆和咖啡馆很不一样。咖啡馆很安静,人们说话的声音很小。但是来茶馆的人都喜欢热闹,他们说话的声音很大,服务员的声音更大……

22. Use at least 8 words and phrases from the following list to describe one custom different from yours.

了解　风俗　习惯　发现　比如　看法　正常　食物　把……　更
最　入乡随俗　对我们来说　我看　应该

23. **Read the authentic material. Can you tell what it is? What information can you find in the material?**

世界部分城市天气预报		
(6月8日22:00到6月9日22:00)		
城市	**天气**	**温度(°C)**
北京	阴有阵雨	22/29
东京	晴	23/28
莫斯科	阴	10/25
法兰克福	多云	15/24
纽约	雷阵雨	14/24
旧金山	多云	12/23
曼谷	雷阵雨	29/35
悉尼	小雨	15/26
卡拉奇	晴	29/39
开罗	晴	19/33
巴黎	多云	12/21
伦敦	小雨	15/23
柏林	多云	17/26

第二十八课
Lesson 28

礼轻情意重

Listening and Speaking Exercises

1. Pronunciation drills.

Read the following words or phrases aloud, paying special attention to the pronunciation of "b, p, j, x, sh, zh".

b ——准备　月饼　毛笔　文房四宝　干杯　不过　表示　别人　一般
p ——两瓶啤酒　纪念品　名牌旗袍　那么漂亮　排队买票　去派出所
j ——葡萄酒　毛巾　中秋节　惊喜　人间　团聚在一起　借书证
x ——希望　小意思　感谢　姓名　性别　担心你们不喜欢　仙女
sh——水果　赏月　书法水平　收到明信片　表示　神话故事
zh——准备礼物　主角之一　尊重老师　中餐　重要的节日

2. Listen to each question and circle the correct answer according to the texts.

(1) A. 中秋节　B. 春节
(2) A. 丝绸围巾　B. 名牌毛笔　C. 音乐光盘　D. 中秋月饼
(3) A. 丝绸围巾　B. 加拿大糖　C. 音乐光盘　D. 中秋月饼
(4) A. 加拿大糖　B. 名牌毛笔　C. 音乐光盘　D. 中秋月饼
(5) A. 丝绸围巾　B. 中秋月饼　C. 名牌毛笔　D. 加拿大糖

3. Listen to the following dialogue and decide whether the statements are true (T) or false (F).

(1) 春节他们没有见面。(　　)
(2) 朋友送的礼物她都喜欢。(　　)
(3) 有的人马上把礼物打开看,是尊重送礼物的人。(　　)
(4) 有的人不马上把礼物打开看,也是尊重送礼物的人。(　　)

(5) 中国人收到礼物跟外国人一样，马上打开看。 (　　)

4. Listen and fill in the blanks.

(1) 中秋节________春节热闹。

(2) 我们________一些礼物送给你们。

(3) 这________是小纪念品？

(4) 加拿大糖________很有特色吗？

(5) 朋友送的礼物________会不喜欢呢？

5. Listen and write in *pinyin*.

(1) ________________________________

(2) ________________________________

(3) ________________________________

(4) ________________________________

(5) ________________________________

6. Listen and write the characters.

(1) ________________________________

(2) ________________________________

(3) ________________________________

(4) ________________________________

(5) ________________________________

7. Role-play.

Listen to and imitate the dialogue together with your partner. Try to get the meaning of the dialogue with the help of your friends, teachers, or dictionaries.

8. Culture experience.

你会唱中文歌吗？向你的中国朋友学一首。先把歌词写下来，学习它的意思，再给你的朋友讲一讲这首歌的意思。

Reading and Writing Exercises

1. Trace over the characters, following the correct stroke order. Then copy the characters in the blank spaces.

之	丶 ㇇ 之	之	之						
韦	一 二 㐄 韦	韦	韦						

2. Write the characters in the blank spaces, paying attention to the character components.

zhòng	千 + 里	重						
zhǔn	冫 + 隹	准						
bèi	夂 + 田	备						
bǐng	饣 + 并	饼						
pí	口 + 卑	啤						
shǎng	⺌ + 口 + 贝	赏						
jì	纟 + 己	纪						
niàn	今 + 心	念						
pǐn	口 + 口 + 口	品						
xī	ㄨ + 布	希						
wàng	亡 + 月 + 王	望						

bǐ	⺮ + 毛	笔						
bǎo	宀 + 玉	宝						
pái	片 + 卑	牌						
wéi	囗 + 韦	围						
dài	土 + 田 + 共 + 戈	戴						
bēi	木 + 不	杯						
chēng	禾 + 尔	称						
zàn	生 + 先 + 贝	赞						
shì	二 + 小	示						
zūn	丷 + 酉 + 寸	尊						
jīng	忄 + 京	惊						
bān	舟 + 殳	般						
yì	讠 + 宜	谊						
dān	扌 + 旦	担						
táng	米 + 广 + 肀 + 口	糖						

3. **Give the *pinyin* of the following words and phrases and then translate them into English.**

(1) 关上门

戴上围巾

写上名字

带上护照

(2) 打开礼物
打开书
切开苹果
搬开桌子

(3)

茶馆	爱情	蛋糕
茶杯	西餐	电脑
火锅	汽车	毛笔
电视	厨房	客厅
卧室	宿舍	花园
剧院	礼物	美术
商店	特色	字画
小孩	医生	舞台
围巾	春天	今年
中秋	外国	月饼
水果	名片	油画
音乐	汉语	

4. Give the *pinyin* of the following groups of words and then translate them into English. Try to guess the meanings of the words you haven't learned and then confirm them with the help of your friends, teachers, or dictionaries.

(1) 中餐
西餐
早餐
自助餐

(2) 啤酒
葡萄酒
喝酒
酒店

(3) 月亮
月饼
五月
正月

(4) 尊重
轻重
重量
重要

(5) 担心
关心
开心
小心
中心

(6) 特色
特长
特别
特殊

5. Match each of the following characters in the first line with that in the second to make a word according to the *pinyin* provided. Draw a line to connect the two.

zhǔnbèi　　yuèbǐng　　píjiǔ　　míngpái　　máobǐ　　jìniàn
zūnzhòng　　chēngzàn　　wéijīn　　xīwàng　　jīngxǐ　　yǒuyì

月　准　名　啤　纪　毛　称　尊　希　围　友　惊

牌　念　饼　备　笔　酒　望　巾　赞　喜　重　谊

6. Fill in the blanks with the correct characters.

(1) 这是名________毛笔。　(啤　牌)
(2) 我们中秋节吃月________。(饼　拼)
(3) 礼轻________意重　(清　情)
(4) 她________一条丝绸围巾。(带　戴)
(5) 他们帮我________书。　(搬　般)
(6) 我们表________感谢。　(是　示)

7. Organize the characters in parentheses into Chinese sentences according to the *pinyin* given.

(1) Zhōngqiū Jié yǒu Chūn Jié nàme rènao ma?

(有春节中秋节热闹吗那么)

中秋节有春节那么热闹吗?

(2) Zhōngqiū Jié méi yǒu Chūn Jié nàme rènao.

(没有春节那么中秋节热闹)

中秋节没有春节那么热闹

(3) Wǒmen yǒu yìxiē lǐwù sònggěi nǐmen.

(有你们一些我们给礼物送)

我们有一些礼物送给你们

(4) Zhè nǎr shì xiǎo jìniànpǐn?

(这纪念是小品哪儿)

这哪儿是小纪念品?

(5) Jiānádà táng bú shì hěn yǒu tèsè ma?

(糖是加拿大不特色很有吗)

加拿大

(6) Péngyou sòng de lǐwù zěnme huì bù xǐhuan ne?

(朋友送朋友的怎么礼物会不呢喜欢)

(7) Lín Nà dàishang zhè tiáo piàoliang de wéijīn gèng piàoliang le.

(林娜更围这条漂亮的巾戴上漂亮了)

(8) Wǒmen mǎshàng bǎ lǐwù dǎkāi.

(马上我们把打开礼物)

8. Fill in the blanks with the correct characters according to the *pinyin*.

外国朋友第一次跟中国朋友在一起过中秋节。他们一起吃月饼,一起 shǎng 赏______月,还互相送些小礼物。宋华知道丁力波喜欢中国书法,就送了他一支名 pái 牌______毛笔,希望他字写得更好。王小云送给漂亮的林娜一条丝绸 wéi 围______巾,希望她更漂亮。陆雨平知道马大为喜欢中国音乐,就送了他一套音乐光 pán 盘______。外国朋友也有一些礼物送给他们,不过他们没有马上打开看。外国朋友很奇怪,他们认为把礼物打开看,chēng 称______赞礼物,表示感谢,这是 zūn 尊______重送礼物的人。当然,也希望自己能得到一种 jīng 惊______喜。但是中国朋友收到朋友的礼物后,一般不马上打开看,他们觉得这也是尊重送礼物的人。因为送什么礼物不重要。礼 qīng 轻______情意重,重要的是友 yì 谊______。

9. Character riddle.

有面没有口,有脚没有手。

虽有四条腿,自己不会走。

(The key is a piece of furniture.)

(Key to the riddle in Lesson 27:茶)

10. Fill in the blanks with the proper verbs.

(1) 林娜(戴)上这条漂亮的围巾就更漂亮了。

(2) 我们收到礼物,就马上把它(打)开。

(3) 中秋节没(有)春节那么热闹。

(4) 我有很多练习要(做)。

(5) 你(说)到哪儿去了。

11. Choose the correct answers.

(1) 我___A___有更好的礼物送给大为。

A.没　B. 已经　C. 都　D. 也

(2) 你们拿到礼物以后,___B___看看外边,没有打开。

A. 能　B. 只　C. 也　D. 都

(3) 你们的习惯我___D___不懂了。

A. 也　B. 会　C. 应该　D. 就

(4) 我们________有点儿担心呢。

A. 从　　B. 还　　C. 就　　D. 会

(5) 你们为什么________要打开看呢?

A. 不　　B. 没有　　C. 马上　　D. 还要

12. Make sentences by matching the words from part I with those from part II with lines.

I	II
我有个问题	送给我们
我没有司机	国内主要的大学之一
朋友有纪念品	办借书证呢
这所大学是	想问问你
我还得去图书馆	开车开得好

13. Write sentences with the words given.

For example: 说　好　他　得　汉语　很　→　他汉语说得很好。

(1) 电脑　没有　名牌电脑　那种　不一定　好

(2) 不知道　喜欢　喝茶　喜欢　你　不

(3) 你　吗　那么　你爸爸　高　有

(4) 送的　朋友　礼物　呢　喜欢　怎么　不　会

(5) 马上　收到　就　我们　把　打开　它　礼物

14. Make sentences with the words given.

(1) ……有没有……这么……

(2) ……没有……那么……

(3) ……不是……吗?

(4) ……怎么会……

(5) ……有……做

15. Change the following sentences into the statements with the complement “上” or “开”.

For example:进了教室请关门。 → 进了教室请关上门。

(1) 请在表格内写你的名字。

(2) 出国旅行要带护照。

(3) 让我们来切生日蛋糕。

(4) 天冷,出门前要穿厚衣服。

(5) 收到礼物后,要不要马上拆呢?

16. Translate the following sentences into Chinese, using the words given in the parentheses.

(1) Is Canadian candy better than American candy? (有……吗?)

(2) I could not run so fast as you. (没有)

(3) How could he love music so much? (怎么)

(4) I have a lot of work to do on Sundays. (有)

(5) Could you please fill in the blanks with your name? (写上)

17. Decide whether the following statements are grammatically correct (T) or wrong (F).

(1) 妹妹已经有姐姐那么高了。 (T)

(2) 她有我那么吃东西吗? (F)

(3) 我刚才有去图书馆。 (F)

(4) 我们没有更好的东西送给你~~礼物~~。 (F)

(5) 外国人喜欢马上打礼物。 (F)

18. Decide whether the following statements are true (T) or false (F) according to the text in “Reading Comprehension and Paraphrasing” of this lesson.

(1) 中秋节赏月是从宋朝开始的。 (　　)

(2) 嫦娥吃了丈夫交给她的药，就飞到月宫里去了。 (　　)

(3) 中秋节是每年的八月十五。 (　　)

(4) 唐明皇觉得月宫没有皇宫那么安静，那么高大。 (　　)

(5) 中秋节这一天，一家人要团聚在一起。 (　　)

19. Answer the following questions.

(1) 你过过外国的节日吗？

(2) 你收到过外国朋友的礼物吗？是些什么礼物？

(3) 你收到礼物的时候说什么？

(4) 你送过外国朋友礼物吗？

(5) 你送别人礼物的时候说什么？

20. Read the passages and do the following exercises.

(1) Translate the following words according to the passage.

中秋节的传说(chuánshuō)很多。这儿让我们看看"玉兔"的故事。

传说，狐狸(húli)、兔子(tùzi)和猴子(hóuzi)在一起修炼(xiūliàn)。天帝想试一下，看它们谁最热情、最真诚(zhēnchéng)。他化装(huàzhuāng)成一个老人，对他们三个说："我是从很远的地方来的。已经有两天没有吃东西了，现在又累又饿。你们能不能给我一点儿吃的？"

他们三个都说："可以。"

很快，狐狸送来了一条鱼，它说："你吃吧，老头儿。"

接着，猴子带来了几个水果，走到老人面前说："给你，老头子。"

过了很久，兔子才慢慢地走来。它说："老爷爷，我个子小，又不能上树。跑了很多地方，没有抓到动物，也没有找到水果，真是对不起。你如果非常饿的话，就把我当作食物吃了吧。”说完它就跳进火里。天帝觉得兔子很真诚，非常感动。他连忙把兔子从火里拉出来，并把它带到了月宫。它就是月宫里的玉兔。

a. 狐狸
b. 兔子
c. 猴子
d. 真诚
e. 化装
f. 老头儿

(2) Complete the following statements according to the passage.

中秋节吃“月饼”的风俗已经有很久的历史了。不过，“月饼”这个名称是从清代乾隆时候才开始有的。传说，乾隆皇帝游山玩水到了杭州，那天正是中秋节。他跟杭州的读书人在西湖边赏月。乾隆皇帝说：“好月，好饼，月亮圆，月饼甜，多么美好的中秋佳节！”从此，皇宫里就把中秋节吃的甜饼叫做“月饼”。后来，这个名称流传到全国，一直到现在。

a. 月饼是____________________吃的食品。
b. 月饼这个名称是从____________________开始有的。
c. 月饼这个名称是____________________最先说的。

(3) Answer the questions according to the passage.

毛笔是文房四宝之一。

“笔”是“筆”的简化(jiǎnhuà)字。在中国古代汉字里，“筆”字像用手握笔写字的样子。中国人用毛笔写字的历史已经有两千多年了。传说，毛笔是蒙恬(Méng Tián)发明的。他是秦始皇的一位大将军，要常给秦始皇写报告。没有毛笔以前，他得用刀一个一个地在木片上刻字，写个报告很不容易。后来，他把羊毛捆在一根小棍子头上，蘸(zhàn)上墨水写字，很好用。这就是最早的毛笔。现在的“笔”字，上边的“竹”字表示用竹子做笔杆，下边的“毛”字表示用羊毛做笔头。

现在我们有很多别的笔了，比如铅笔(qiānbǐ)、钢笔(gāngbǐ)、圆珠笔(yuánzhūbǐ)，还有电脑、手机。人们可以不用毛笔写汉字了，但很多人对汉字的书法艺术很感兴趣。他们每天都写毛笔字，练书法。丁力波不但汉语说得很流利，而且汉字也写得很漂亮。他很喜欢用名牌毛笔练书法。

a. 中国人用毛笔写字有多长的历史了？

b. 毛笔是谁发明的？

c. 在没有毛笔以前，古代中国人用什么写字？

d. 你对汉字的书法艺术感兴趣吗？

(4) Answer the following questions after reading the passage.

东西方国家对数字的感情

在西方，人们一般都不喜欢"13"这个数字。因为在基督教的故事里，背叛耶稣(Jesus)的人(Judas)正是他的第13个信徒。西方的许多高楼都没有第13层，从第12层就到了第14层。在中国，人们也有不喜欢的数字——4。因为4的读音是si，而"死"的发音也是si，两个字的声音很像。有的人认为，说"4"好像说"死"一样，很不吉利。所以，有的楼房把第4层写成第F层。中国人特别喜欢6、8和9。因为他们认为6就是顺利(successful)的"顺"，8就是发财(making a pile)的"发"，9就是天长地久(everlasting)的"久"。有这三个数字的电话号码和车牌号码，一般都会比没有的贵很多。

a. 为什么西方人不喜欢"13"这个数字？

b. 为什么中国人不喜欢"4"这个数字？

c. 西方的楼房怎么对待不吉利的数字？

d. 中国的楼房对待不吉利的数字与西方有什么不同？

e. 中国人为什么喜欢“6”“8”“9”这些数字？

f. 电话号码和车牌号码里有“6”“8”“9”的和没有的有什么不同？

21. Complete the passage according to the texts of this lesson.

今天是我的生日，与以前不同，这次有中国朋友和我一起过。我准备了生日蛋糕、水果、茶、可乐，我们一边吃东西，一边聊天，非常开心。中国朋友送了我一些生日礼物，它们都很有特色，我非常喜欢……

22. Use at least 8 words and phrases from the following list to describe one of the festivals in your country.

过　节日　重要　准备　礼物　希望　名牌　那么　小意思　不过
表示　得到　别人　一般　担心　礼轻情意重　特色　原来　不一样
喜欢

第二十九课
Lesson 29

请多提意见

Listening and Speaking Exercises

1. Pronunciation drills.

Read the following words or phrases aloud, paying special attention to the pronunciation of "j, q, x, z".

j——家里有书架　君子兰的叶子　比较　教授　浇水　文学家　汉语句子

q——请多提意见　墙上　整整齐齐　太谦虚了　旗袍　前门　多少钱

x——修整盆景　师不必贤于弟子　互相学习　关心　希望

z——一幅字画　走得很整齐　主要作品　打扫院子　称赞

2. Listen to each question and circle the correct answer according to the texts.

(1) A. 古书　B. 盆景　C. 文房四宝　D. 中国字画

(2) A. 起床以后　B. 工作累的时候　C. 吃饭以前　D. 休息以前

(3) A. 林娜　B. 马大为　C. 丁力波　D. 张教授

(4) A. 林娜　B. 马大为　C. 丁力波　D. 张教授

(5) A.《书法艺术》　B.《汉字书法作品》
C.《汉字书法艺术》　D.《汉字书法课本》

3. Listen to the following dialogue and decide whether the statements are true (T) or false (F).

(1) 女的也认为张教授很谦虚。　(　　)

(2) 张教授说自己的字很好。　(　　)

(3) 张教授写了一本关于养花的书。　(　　)

(4) 学生要向老师学习，老师不用向学生学习。　(　　)

(5) 学习汉语还应该了解中国的文化特色。　(　　)

4. Listen and fill in the blanks.

(1) 书房的墙上________着中国字画。

(2) 外边还整整齐齐地________着这么多花儿和盆景。

(3) ________花是不太难。不过，让它常开花，就不容易了。

(4) 盆景要常常________才会好看。

(5) 学习书法要每天都认认真真地________。

5. Listen and write in *pinyin*.

(1) ________________________________

(2) ________________________________

(3) ________________________________

(4) ________________________________

(5) ________________________________

6. Listen and write the characters.

(1) ________________________________

(2) ________________________________

(3) ________________________________

(4) ________________________________

(5) ________________________________

7. Role-play.

Listen to and imitate the dialogue together with your partner. Try to get the meaning of the dialogue with the help of your friends, teachers, or dictionaries.

8. Culture experience.

你会中国书法吗？问问你的中国朋友应该怎么写，然后用毛笔和墨水在白纸上试着写几个汉字。

9. Point out the characters you know from the following calligraphic copybook and try to imitate them.

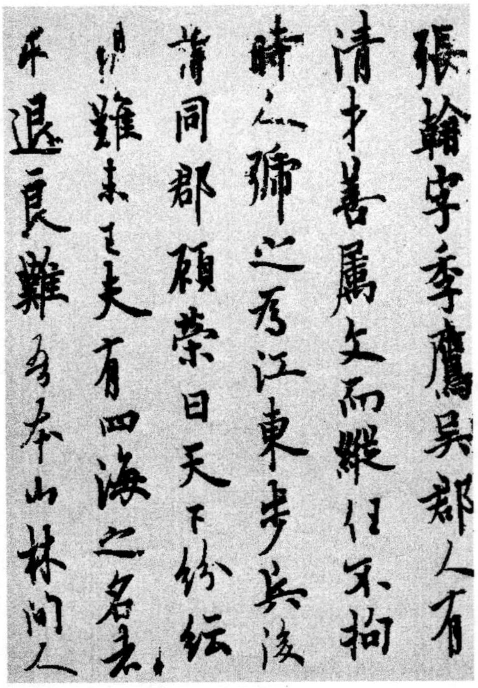

Reading and Writing Exercises

1. Trace over the characters, following the correct stroke order. Then copy the characters in the blank spaces.

必	心 必	必	必						
互	一 エ 互 互	互	互						
尹	㇇ ⺕ 彐 尹	尹	尹						
于	一 二 于	于	于						

2. Write the characters in the blank spaces, paying attention to the character components.

yíng	卬 + 辶	迎						
qiáng	土 + 土 + 回	墙						

jià	力 + 口 + 木	架						
zhěng	束 + 攵 + 正	整						
bǎi	扌 + 罒 + 去	摆						
pén	分 + 皿	盆						
jūn	尹 + 口	君						
lán	丷 + 三	兰						
yè	口 + 十	叶						
yǎng	美 + 川	养						
jiào	车 + 交	较						
jiāo	氵 + 戈 + 兀	浇						
xiū	亻 + 丨 + 夂 + 彡	修						
yì	艹 + 乙	艺						
xián	〢 + 又 + 贝	贤						
jù	勹 + 口	句						
qiān	讠 + 兼	谦						
xū	虍 + 业	虚						
táng	广 + 肀 + 口	唐						
dài	亻 + 弋	代						

3. **Give the *pinyin* of the following words and phrases and then translate them into English.**

(1) 长城长

小孩长得很高

叶子长长了

(2) 快乐

音乐

(3) 不必

不如

(4) 主角

角色

(5) 提高

打开

放下

得到

看见

站住

停住

摆好

4. **Give the *pinyin* of the following groups of words and then translate them into English. Try to guess the meanings of the words you haven't learned and then confirm them with the help of your friends, teachers, or dictionaries.**

(1) 书房

书架

书法

图书馆

(2) 盆景

风景

景观

(3) 开花

开门

开心

开会

(4) 老师
医师
师傅
园艺师
工程师

(5) 不如
比如
如果
如意

(6) 明白
明亮
明年

5. Match each of the following characters in the first line with that in the second to make a word according to the *pinyin* provided. Draw a line to connect the two.

huānyíng　qiángshang　zhěngqí　bǐjiào　jiāohuā　yuányì

pénjǐng　hùxiāng　qiānxū　yìsi　Tángdài　bùrú

墙　欢　浇　整　比　园　意　盆　互　谦　唐　不

花　上　迎　艺　思　齐　较　虚　代　景　如　相

6. Fill in the blanks with the correct characters.

(1) 他做______习。
我锻______身体。
(练　陈　炼)

(2) ______迎你们。
请大家参______。
(现　观　欢)

(3) 这是______景。
那是光______。
(盆　盘　监)

(4) 他在<u>修</u>整君子兰。

他在书房<u>休</u>息。

(休　体　修)

(5) 这是园艺师的<u>作</u>品，他<u>做</u>得很漂亮。

(做　作　昨)

7. Organize the characters in parentheses into Chinese sentences according to the *pinyin* given.

(1) Qiángshang guàzhe Zhōngguó zìhuà.

(挂着墙上中画国字)

墙上挂着中国字画

(2) Wàibian hái zhěngzhěngqíqí de bǎizhe zhème duō huā.

(这么地外边摆着还整整齐齐多花)

外边还整整齐齐地摆着这么多花

(3) Nǐ měi tiān dōu rènrenzhēnzhēn de liàn.

(每天你练都认认真真地)

你每天都认认真真地练

(4) Tā jiù bǎ zhèxiē pénjǐng xiūzhěng xiūzhěng.

(盆景就他这些把修整修整)

他京把这些盆景修整修整

(5) Wǒ nǎr shì yuányìshī? Zhè zhǐshì yìdiǎnr àihào.

(哪儿我园艺师是？爱好这只是一点儿)

我哪儿是园艺师？这只是一点儿爱好。

8. Fill in the blanks with the correct characters according to the *pinyin*.

张教授请外国学生去他的书房做客。林娜觉得书房很有特色，外边还 zhěng<u>整</u>整齐齐地 bǎi<u>摆</u>着许多花儿和 pénjǐng ________。她觉得养花很有意思，也想在宿舍里养。张教授工作累的时候，就到外边去 jiāo jiāo<u>浇浇</u>花，修整修整盆景，他把这个作为很好的休息。盆景是一种艺术，张教授的盆景种得很好，学生夸他是园 yì ________师。可是他很 qiānxū ________，说这只是一点儿爱好。丁力波问张教授关于中国书法的问题，张教授说学习书法要多看，每天都要认认真真地 liàn ________。他称自己的书法是“我的字很一般”，他把自己刚写的书送给学生们，还请年轻的学生给他的新书多提 yì ________见。在张教授身上我们看到了中国文化的一些特点。

9. Character riddle.

一点一横长，一撇到南阳。
里面长棵树，睡觉好舒服。

(The key is a character.)

头戴大礼帽，做事很可靠。

(The key is a character.)

(Key to the riddle in Lesson 28：桌子)

10. Fill in the blanks with the proper verbs.

(1) 请坐，(喝)点儿什么？

(2) 书架上(放)着这么多古书。

(3) (修整)盆景比养花要难得多。

(4) 我要把它(贴)在我宿舍的墙上。

(5) 请多(提)意见。

11. Choose the correct answers.

(1) 我明天下了课___B___去买盆花。
A. 已经　B. 也　C. 都　D. 没

(2) 养花___C___有意思，可是你能养好吗？
A. 能　B. 没　C. 是　D. 还

(3) 您还___A___是一位园艺师呢！
A. 真　B. 也　C. 已经　D. 太

(4) 如果你每天都认认真真地练，___A___能把汉字写得很漂亮。
A. 就　B. 该　C. 也　D. 会

(5) 老师和学生___D___互相学习。
A. 就　B. 不一定　C. 也　D. 应该

12. Make sentences by matching the words from part I with those from part II with lines.

I	II
那个房间里住着	学中国书法
绿绿的叶子	两个留学生
小孩们在安安静静地	红红的花儿
请把这个礼物	不好懂
广州话	包一包

13. Write sentences with the words given.

For example: 说　好　他　得　汉语　很　→　他汉语说得很好。

(1) 名牌　书房　放着　里　电脑　一台

(2) 一双　有　的　腿　他　长长

(3) 学习　要　才能　很好地　休息　很好地

(4) 学过　复习　回家　词语　复习　的　把

(5) 都　中药　好吃　西药　不　和

14. Make sentences with the words given.

(1) ……写着……

(2) ……放着……

(3) ……站着……

(4) ……坐着……

(5) ……摆着……

15. Change the following sentences into the statements with "把".

For example: 张教授常常修整这些盆景。→张教授常常把这些盆景修整修整。

(1) 吃以前要洗水果。

(2) 应该每天浇这些花。

(3) 做完练习以后要检查答案。

(4) 每次用的时候最好先洗这些刀叉。

(5) 在作业本上写刚学的词语。

16. **Translate the following sentences into Chinese, using the words given in the parentheses.**

(1) On the table there is a birthday cake. (放着)

(2) We should do some cleaning of the study. (把……打扫)

(3) That girl with big eyes is so beautiful. (大大的)

(4) This dish is easy to cook. (很好)

(5) You should do it carefully. (仔仔细细地)

17. **Decide whether the following statements are grammatically correct (T) or wrong (F).**

(1) 在客厅里坐着一位老人。 (T)
(2) 外边正站着一位服务员。 (T)
(3) 桌子上放着一台名牌电脑。 (T)
(4) 书架上整整齐齐摆着很多古书。 (F)
(5) 请把这些汉字练。 (F)

18. **Decide whether the following statements are true (T) or false (F) according to the text in "Reading Comprehension and Paraphrasing" of this lesson.**

(1) 老舍养的花很少。 (　　)
(2) 老舍的花整整齐齐地摆在小院子里。 (　　)
(3) 吃药比养花对身体的好处大。 (　　)
(4) 老舍常把买的花当作礼物送给朋友。 (　　)
(5) 养花不但能美化生活,而且能美化人的心灵。 (　　)

19. Answer the following questions.

(1) 你喜欢中国文化吗？比如书法、太极拳、京剧、中国画等等。

(2) 受到别人称赞时，你一般怎么回答？

(3) 受到别人称赞时，中国人一般怎么回答？

(4) 你习惯中国人的回答吗？为什么？

20. Read the passages and do the following exercises.

(1) Fill in each blank with the correct word.

宿舍东边的墙上挂________一幅字画，上面写________“学而时习之”五个大字。宋华说，这是张教授给他写的。马大为问宋华，这句话是什么意思？宋华说，这句话是孔子________他学生说的。意思是说，学过的知识，要常复习、常练习。张教授送给我这幅字，是鼓励(gǔlì)我要努力学习，认真学习。

(2) Complete the statements according to the passage.

月季，学名“Rose chinensis”，英文名“Chinese rose”，别名长春花、月月红等。它是北京市的市花。中国是月季花的原产地(yuánchǎndì)。它已经有一千多年的栽培(zāipéi)历史了。在世界上，人们称赞月季花是花中皇后(huánghòu)。经过二百多年的培养(péiyǎng)，人们创造了二万多个园艺品种(pǐnzhǒng)。月季可盆栽观赏，也可种在花坛里，或者布置(bùzhì)成月季园。

a. 月季花的原产地是________。

b. 月季花已经有________年栽培历史了。

c. 人们把________叫做花中皇后。

d. 月季花是北京市的________。

(3) Answer the following questions after reading the passage.

一位书法家说,要想写出好字,就要认真练习。他给我们介绍了一个好办法。让我们去找一块砖,再用一些麻线(máxiàn)绑(bǎng)成一支笔,旁边放一盆水。每天早上起床以后,或者睡觉以前,用麻笔蘸水在砖上写字,一边写,一边就干了,非常方便。不用花钱买笔墨,也不用花钱买纸。只要买一本自己喜欢的字帖(zìtiě),天天照着字帖练,就一定能写出很漂亮的汉字。如果你愿意,可以试一试。

a. 用一些麻线绑成什么?

b. 是不是用麻笔蘸水在纸上写字?

c. 要不要买墨?

21. Complete the following passage according to the texts of this lesson.

今天王老师请我去他家吃饭,我很高兴。王老师说他家里吃得非常简单,这是很随便的一顿饭。可是我数了数,我们只有三个人,桌子上一共有六个菜呢。这叫"非常简单"、"很随便"吗?……

22. Write a short article with the title of "我的爱好".

23. Read the authentic material. Do questions-and-answers with your partner.

欢迎光临本店

饮料类

意大利咖啡	(大)15.00 元	(小)9.00 元
普通咖啡	(大)8.00 元	(小)6.00 元
巧克力咖啡	(大)10.00 元	(小)8.00 元
冰沫咖啡	(大)10.00 元	(小)8.00 元
龙井茶	15.00 元	
碧螺春茶	15.00 元	
乌龙茶	12.00 元	
八宝茶	10.00 元	
冰红茶	8.00 元	
热绿茶	5.00 元	
果汁	6.00 元	
啤酒	10.00 元	
可乐	5.00 元	
冰水	3.00 元	

第三十课
Lesson 30

他们是练太极剑的

Listening and Speaking Exercises

1. Pronunciation drills.

Read the following words or phrases aloud, paying special attention to the pronunciation of "j, q, x" and retroflex ending.

j——太极剑　民间　简单　健康　这叫做太极剑　叫好　街心花园
　　最近　京剧团

q——太极拳　下棋　小区　立交桥　下课以前　天气不好
　　情况怎么样　齐白石先生

x——休闲　故乡　留学生　地方戏　汉语系　修整　写字　想一想
　　放心

retroflex ending——这是哪儿啊　这儿是我家　画花儿　画画儿
　　有什么事儿　玩儿得高兴

2. Listen to each question and circle the correct answer according to the texts.

(1) A. 扭秧歌　B. 太极剑　C. 中国武术　D. 太极拳

(2) A. 街上　B. 小区里　C. 街心花园　D. 立交桥下

(3) A. 做操　B. 跑步　C. 爬山　D. 去网吧

(4) A. 唱京剧　B. 下棋　C. 扭秧歌　D. 带着小狗散步

(5) A. 非常注意锻炼身体　B. 喜欢全家人在一起活动
　　C. 喜欢很多人在一起活动　D. 可能互相不认识

3. Listen to the following dialogue and decide whether the statements are true (T) or false (F).

(1) 男的不喜欢早上锻炼。　(　　)

(2) 男的跟爸爸一起扭秧歌。　(　　)

(3) 女的跟外婆学习太极剑。 (　　)

(4) 男的的爸爸只会练太极剑，不会打太极拳。 (　　)

(5) 他们明天早上一起跑步。 (　　)

(6) 他们明天早上在街心花园见面。 (　　)

4. Listen and fill in the blanks.

(1) 现在晚上十点________，街上人很少。

(2) 街上的人们________唱________跳，玩儿得很高兴。

(3) 立交桥下，有许多人在做运动，有唱京剧________，下棋__________，散步________。

(4) 以前他们很忙，________他们退休了，休闲的时间也多了。

(5) 我看别人下棋，看________忘了吃饭。

5. Listen and write in *pinyin*.

(1) ____

(2) ____

(3) ____

(4) ____

(5) ____

6. Listen and write the characters.

(1) ____

(2) ____

(3) ____

(4) ____

(5) ____

7. Role-play.

Listen to and imitate the dialogue together with your partner. Try to get the meaning of the dialogue with the help of your friends, teachers, or dictionaries.

8. Culture experience.

问问你认识的中国朋友，他们的休闲活动有哪些。讨论你们喜欢的体育运动，并向朋友介绍一下你喜欢这些运动的原因。

Reading and Writing Exercises

1. Trace over the characters, following the correct stroke order. Then copy the characters in the blank spaces.

兆	丿 ㇓ ㇒ 儿 兆 兆	兆	兆					
攴	⺊ 攴	攴	攴					

2. Write the characters in the blank spaces, paying attention to the character components.

jiàn	佥 + 刂	剑						
jiē	彳 + 土 + 土 + 亍	街						
dòng	云 + 力	动						
tiào	𧾷 + 兆	跳						
qiāo	高 + 攴	敲						
luó	钅 + 罒 + 夕	锣						
gǔ	壴 + 支	鼓						
niǔ	扌 + 丑	扭						
yāng	禾 + 央	秧						
dǎo	𧾷 + 爫 + 臼	蹈						
jiǎn	⺮ + 间	简						
hàn	氵 + 干	汗						

wǔ	一 + 弋 + 止	武						
bān	王 + 丶 + 丿 + 王	班						
qí	木 + 其	棋						
qiáo	木 + 乔	桥						
tuì	艮 + 辶	退						
xián	门 + 木	闲						
shì	弋 + 工	式						
cāo	扌 + 品 + 木	操						
wǎng	冂 + 㐅 + 㐅	网						
tīng	厂 + 丁	厅						

3. Give the *pinyin* of the following words and phrases and then translate them into English.

(1) 要不
不要

(2) 爱好
叫好

(3) 扭得全身是汗
得到一块巧克力
你得学习练太极拳

(4) 快乐
音乐

(5) 结果　　说话　　食物
聊天　　照相　　送礼
下棋　　结业　　吃饭

放心 放假 挂号
换钱 加油 烤鸭
排队 起床 上班
散步 跳舞 唱歌
开车 看病 跑步
做操 罚款 教书
开门

4. Give the *pinyin* of the following groups of words and then translate them into English. Try to guess the meanings of the words you haven't learned and then confirm them with the help of your friends, teachers, or dictionaries.

(1) 跳秧歌舞
跳交谊舞
跳民族舞
跳芭蕾舞
(2) 打太极拳
打球
打电话
打水
打饭
(3) 老人
老板
老师
老头
老爸
老婆
老公
(4) 唱京剧
唱流行歌曲
唱民歌
唱外国歌
(5) 上班
下班

白班
夜班
加班

(6) 叫好
叫座
叫做

(7) 休闲
休息
休假

(8) 网吧
酒吧
书吧

5. Match each of the following characters in the first line with that in the second to make a word according to the *pinyin* provided. Draw a line to connect the two.

huódòng tiàowǔ jiǎndān wǔdǎo shàngbān dàqiáo
tuìxiū fāngshì pǎobù duìmiàn wǎngbā ménkǒu

跳 活 舞 简 大 上 退 方 对 跑 网 门

蹈 舞 动 桥 班 单 面 步 休 式 口 吧

6. Fill in the blanks with the correct characters.

(1) 他在家很休________。
我没有时________。
这很________单。
(间 闲 问 简)

(2) 他的动________很漂亮。
这叫________盆景。
(做 坐 作)

(3) 他喜欢________术。
我爱好跳________。
(舞 午 武)

(4) 这种方________不错。
他们明天考________。
(试　式　是)

7. Organize the characters in parentheses into Chinese sentences according to the *pinyin* given.

(1) Qiánbian zǒu guòlaile bùshǎo lǎorén.
(过来前边走老人了不少)

____

(2) Xiànzài bā diǎn bàn le.
(现半在了八点)

____

(3) Tāmen wánr de zhēn gāoxìng.
(玩儿他们得高真兴)

____

(4) Yǐqián tāmen máng de méiyǒu shíjiān chàng.
(他们忙唱得没有以前时间)

____

(5) Yānggewǔ de dòngzuò yòu jiǎndān yòu hǎokàn.
(动作又秧歌的舞简单又好看)

____

8. Fill in the blanks with the correct characters according to the *pinyin*.

星期六的早上八点,街上已经很 rènao ________了。宋华、马大为和丁力波看见有很多人在街上 yòu ________唱 yòu ________跳,玩儿 de ________很高兴。人们 yìbiān ________扭秧歌,yìbiān ________敲锣打鼓。他们 yòu ________看到练太极剑的,丁力波说他 yǐqián ________在学校练过太极剑,xiànzài ________正在练太极拳。东边的立交桥下 hái ________有很多唱京剧 de ________老人,宋华说他们是 xiǎoqū ________的京剧 àihàozhě ________。宋华听 de ________很高兴,就大声地 wèi

________这些唱京剧的老人 jiàohǎo ________。

9. Character riddle.

太阳跟月亮见面。

(The key is a character.)

(Key to the riddle in Lesson 29:床、实)

10. Fill in the blanks with the proper verbs.

(1) 那儿有很多人正在(　　)秧歌。

(2) 他们一边跳舞,一边(　　)锣(　　)鼓。

(3) 这种舞很好(　　),你也能很快学会的。

(4) 我每天早上都要(　　)太极拳。

(5) 老人们常常(　　)着自己的小狗散步。

11. Choose the correct answers.

(1) 你还是复习一下吧,__要不__明天考试的时候你就不会做题了。

A. 所以　　B. 要不　　C. 而且　　D. 可是

(2) 我去年八月回过一次国,__后来__就再也没回去过。

A. 后来　　B. 从来　　C. 将来　　D. 未来

(3) 语言学院有很多留学生,有美国__的__,有欧洲__的__,有亚洲__的__,还有非洲__的__。

A. 地　　B. 得　　C. 的　　D. 了

(4) 衣服洗__得__干干净净的。

A. 地　　B. 得　　C. 的　　D. 了

(5) 爸爸七十岁__了__,可是身体还是很好。

A. 地　　B. 得　　C. 的　　D. 了

12. Make sentences by matching the words from part I with those from part II with lines.

I	II
可乐又便宜	一边读书
我们一边听音乐,	都是来网吧的年轻人
进进出出的	听不到一点儿声音
那儿安静得	有很多锻炼身体的老人
街心花园里	又好喝

13. **Write sentences with the words given.**

For example：真　我们　得　高兴　玩儿　→　我们玩儿得真高兴。

(1) 花　放　宿舍门口　了　几盆

(2) 走出　人　里　网吧　几个

(3) 丁力波　太极拳　打得　打　很好

(4) 那　姑娘　又漂亮　又年轻　个

(5) 现在　了　进来　你　可以

14. **Make sentences with the words given.**

(1) 打太极拳　得　很漂亮

(2) 忙　得　没时间吃饭

(3) 街心花园　又干净　又漂亮

(4) 写汉字　得　还可以

(5) 小伙子　又年轻　又热情

15. **Change the following sentences into the statements with the particle “了”.**

For example：现在十一点。→现在十一点了。

(1) 时间已经很晚。

(2) 去年我妈妈开始练太极拳，现在她的身体很好。

(3) 以前丁力波打太极拳，现在他练太极剑。

(4) ——等一下。

——现在你可以进来。

(5) 我年纪已经不小。

我已经二十三岁。

16. Translate the following sentences into Chinese, using the words given in the parentheses.

(1) It is 20：00 now.（了）

(2) What kind of dance do you like best ?（跳舞）

(3) It is good for your health to do some exercises.（对……好）

(4) He is cleaning the house. And at the same time he is listening to the pop music.（一边……，一边……）

(5) In 1996, I went to Japan. From then on, I have never been there.（从……以后）

17. Decide whether the following statements are grammatically correct（T）or wrong（F）.

(1) 看，月亮下去。了 (F)

(2) 他打太极拳好极了。 (F)

(3) 把课文念一念，要不上课时你又念不好了。 (T)

(4) 那儿走了两个人。 (T)

(5) 现在几点？你还不睡觉？ (T)

18. Decide whether the following statements are true（T）or false（F）according to the text in "Reading Comprehension and Paraphrasing" of this lesson.

(1) 跑步是老年人最好的锻炼。 (　)

(2) 医生建议老年人每天走30分钟的路，每个星期最少走五次。 (　)

(3) 身体好的或者身体不太好的老人，都应该多走路，走很多的路。 (　)

(4) 每天走路走一个小时的老人，比每天很少走路的老人长寿。 (　)

(5) 95岁的老人每天早晨都要走一个小时的路，应该走得全身出汗。 (　)

19. Answer the following questions.

(1) 你喜欢什么时间做锻炼？为什么？

(2) 你有哪些休闲活动？

(3) 你常常走路或者跑步吗？你觉得怎样运动对身体最好？

(4) 你觉得年轻人每天对着电脑工作或者休闲，好不好？

20. Read the passages and do the following exercises.

(1) Fill in each blank with the correct word.

象棋在中国已经有2000多年的历史________。为什么叫做象棋呢？因为古代喜欢下棋的人很多都是那些将军们。他们用的棋子一般是象牙做的，所以叫做象棋。古代下象棋可以7个人同时下。到________宋代以后，人们下的象棋________现代一样，是32个棋子，两个人下。现在下象棋是老年人最喜欢的休闲方式之________，它也是一种很好的体育活动。中国还有研究象棋和围棋的棋院。象棋高手都是大师级的。

(2) Complete the following statements according to the passage.

扭秧歌是中国北方民间的文化活动。据舞蹈专家研究，扭秧歌已经有5000多年的历史了。古时候，唱歌、跳舞一般都跟生产劳动有关系。比如扭秧歌，跟种田插秧(chāyāng)有关系。人们插秧累了，就站起来伸一伸胳膊，扭一扭腰，觉得很舒服。有的人把扭一扭、跳一跳的动作编成舞蹈，大家跟着扭，这就成了扭秧歌。

现在不少人很喜欢扭秧歌，特别是中国北方农村，男女老少都喜欢。扭秧歌要敲锣打鼓，动作虽然简单，但很有节奏(jiézòu)感。它是一种很快乐的舞蹈活动，又是锻炼身体的好方式。

a. 扭秧歌跟________有关系。

b. 扭秧歌有________年历史了。

c. 扭秧歌是中国________的文化活动。

d. 扭秧歌的动作虽然很________,但很________节奏感。

e. 扭秧歌是________________,又是________________。

(3) Answer the following questions after reading the passage.

为京剧叫好

中国观众在看京剧的时候,看得高兴时,就用喝彩(hècǎi)、鼓掌(gǔzhǎng)的方式来表示自己高兴的心情,他们也用这种方式来赞扬京剧演员。这种习俗,在北方叫"叫好",在南方叫"喝彩"。喝彩有正彩、倒彩(dàocǎi)。正彩,是因为演员的唱、做都很好,观众就大声叫"好",表示对他们的赞赏。这个时候,观众的"好"声一般都很长、很响,所以喝正彩又叫"叫好"。喝倒彩,是指演员在表演的时候,唱错了,或者演坏了,观众把"好"声拉得很长,还在最后加一个"吗"字。在旧社会,有的人不尊重京剧演员,用大声怪叫的方式喝倒彩,这是很不文明的行为。但多数情况下,观众会对京剧演员的演出叫好和鼓掌。

a. 中国的京剧观众用什么方式表示对演员的赞扬?

b. 观众一般在什么时候喝倒彩?你认为这种行为对吗?

c. 你有过听京剧的经验吗?如果有,谈谈你对"叫好"的看法。

21. Complete the passage according to the texts of this lesson.

今天早晨,我和力波、宋华去散步。八点多了,街上活动的人还很多。有扭秧歌的,有打太极拳的……

第三十一课
Lesson 31

中国人叫她“母亲河”

Listening and Speaking Exercises

1. Pronunciation drills.

Read the following words or phrases aloud, paying special attention to the pronunciation of “zh, ch, sh, z, c, s”.

zh——“中国通”知识大赛　只有一个月的准备时间　着急得吃不下饭　珠穆朗玛峰

ch——吃很多水果　成绩不好　长江　要放长假了　三峡工程　受到老师的称赞　差了点儿

sh——知识就是力量　最高的山峰　至少还有你　下个月放暑假　名胜古迹　南水北调

z——了解自己　最高的山峰　中国的西藏　早在1200多年以前　她的名字叫长江

c——从宿舍到图书馆　许多生词　上厕所　才知道这件事

s——虽然　宿舍门口有许多树　第三大河　迎客松　四是四，十是十，四十是四十，十四是十四。

2. Listen to each question and circle the correct answer according to the texts.

(1) A. 一个月　B. 不到一个月　C. 一个多月　D. 两个月

(2) A. 九百六十四万平方公里　B. 九百六十平方公里　C. 九百六十万平方里　D. 九百六十万平方公里

(3) A. 喜马拉雅山　B. 珠穆朗玛峰　C. 泰山　D. 黄山

(4) A. 爸爸河　B. 父亲河　C. 母亲河　D. 妈妈河

(5) A. 迎客松　B. 长城　C. 云海　D. 奇峰

3. **Listen to the following dialogue and decide whether the statements are true (T) or false (F).**

(1) 参加大赛的都是汉语水平高的留学生。 ( )

(2) 女的觉得自己的汉语学得不好,所以决定不参加。 ( )

(3) 男的已经学习了三个月的汉语了。 ( )

(4) 女的希望男的努力准备。 ( )

(5) 重在参与就是参加最重要。 ( )

4. **Listen and fill in the blanks.**

(1) 珠穆朗玛峰________八千多米高。

(2) 谁说我老了? 我还________三十岁呢!

(3) 中国的人口,一共有十二亿九千________万人。

(4) ________四十多年以前,语言学院就开始招收外国留学生。

(5) 白云就________大海________。

5. **Listen and write in *pinyin*.**

(1) ________________________________

(2) ________________________________

(3) ________________________________

(4) ________________________________

(5) ________________________________

6. **Listen and write the characters.**

(1) ________________________________

(2) ________________________________

(3) ________________________________

(4) ________________________________

(5) ________________________________

7. **Role-play.**

Listen to and imitate the dialogue together with your partner. Try to get the meaning of the dialogue with the help of your friends, teachers, or dictionaries.

8. **Culture experience.**

你要去中国旅行,问问去过中国的朋友,中国有哪些名胜古迹。如果你去过中国,向你的朋友介绍一下你参观过的名胜古迹。

9. **Read the following numbers as quickly as you can.**

99　699　345　1,234　13,764　134,567　7,700,171　14,141,414

444,111,345　10,321,567,879　10,102,500,007　109,414,567,356

Reading and Writing Exercises

1. **Trace over the characters, following the correct stroke order. Then copy the characters in the blank spaces.**

万	一 丆 万	万	万					
世	一 廿 世	世	世					

2. **Write the characters in the blank spaces, paying attention to the character components.**

qīn	立 + 朩	亲						
huáng	龷 + 由 + 八	黄						
hé	氵 + 可	河						
jì	纟 + 责	绩						
jī	禾 + 只	积						
jiè	田 + 介	界						
kuò	扌 + 舌	括						
yì	亻 + 乙	亿						

què	石 + 角	确						
fēng	山 + 夂 + 丰	峰						
yáo	扌 + 爫 + 缶	摇						
lán	⺮ + 监	篮						
é	亻 + 我	俄						
luó	罒 + 夕	罗						
sī	其 + 斤	斯						
lù	阝 + 击	陆						
wān	氵 + 弯	湾						
gǎng	氵 + 共 + 巳	港						
ào	氵 + 丿 + 冂 + 米 + 大	澳						
zàng	艹 + 爿 + 戈 + 臣	藏						
zhū	王 + 朱	珠						
mù	禾 + 白 + 小 + 彡	穆						
lǎng	良 + 月	朗						
mǎ	王 + 马	玛						
shèng	月 + 生	胜						

jì	亦 + 辶	迹						
sōng	木 + 公	松						
shù	木 + 又 + 寸	树						
qí	大 + 可	奇						
guài	忄 + 又 + 土	怪						
kē	木 + 果	棵						

3. Give the *pinyin* of the following words and phrases and then translate them into English.

(1) 围着很多人

着急

(2) 年轻

圣诞

名称

河流

水平

头疼

心静

4. Give the *pinyin* of the following groups of words and then translate them into English. Try to guess the meanings of the words you haven't learned and then confirm them with the help of your friends, teachers, or dictionaries.

(1) 母亲

母校

母语

(2) 成绩

成就

成功

成立

(3) 放长假
放暑假
放水
(4) 景色
景观
风景

5. **Match each of the following characters in the first line with that in the second to make a word according to the *pinyin* provided. Draw a line to connect the two.**

mǔqīn　Huáng Hé　chéngjì　miànjī　shìjiè　zhèngquè
yáolán　shānfēng　lǚyóu　gǔjì　sōngshù　qíguài

黄　母　成　世　面　正　摇　山　古　旅　松　奇

绩　界　河　亲　篮　积　峰　确　游　怪　迹　树

6. **Fill in the blanks with the correct characters.**

(1) 他的口语成________不错。
这个房间的面________是 18 平方米。
(积　绩　和)

(2) 这把________很漂亮。
那两________元给你。
(万　刀　力)

(3) 老师在上________。
那________树很高。
(果　棵　课)

(4) 这是君子________。
那是摇________。
(蓝　篮　兰)

7. **Organize the characters in parentheses into Chinese sentences according to the *pinyin* given.**

(1) Zhūmùlǎngmǎ Fēng yǒu bāqiān bābǎi duō mǐ gāo.
(有 8800 珠穆朗玛峰多高米)

____

(2) Zhōngguó miànjī yǒu jiǔbǎi liùshí wàn píngfāng gōnglǐ.
(面积中国有九百六万十公里平方)

____

(3) Wǒ yǐjing qùguo liǎng sān ge dìfang le.
(去过我已经地方两三个了)

____

(4) Huáng Shān yǒu yì kē shù jiàozuò "Yíngkèsōng" ba?
(有一棵黄山树"迎客松"吧叫做)

____

(5) Zhōngguórén jiào tā "mǔqīn hé".
(中国人"母亲河"叫她)

____

8. Fill in the blanks with the correct characters according to the *pinyin*.

黄山的 jǐngsè ________ 是世界有名的。Zǎozài ________ 1200 年 yǐqián ________，它就 yǐjing ________ 是中国的名胜了。它的景色在不同的时候 yǒu ________ 不同的样子，不同的人看，yě yǒu ________ 不同的感觉。它最美的景色是 báiyún ________、sōngshù ________ 和 shānfēng ________。Cóng ________ 山上 wǎng ________ 下看，白云就 xiàng ________ 大海 yíyàng ________。人们 jiào ________ 它"yúnhǎi ________"。黄山有很多山峰的样子非常奇怪，所以又叫"qífēng ________"。黄山是很多外国朋友 cháng ________ 去的地方。

9. Character riddle.

牛过独木桥。

(The key is a character.)

(Key to the riddle in Lesson 30：明)

10. Fill in the blanks with the proper verbs.

(1) 黄河(　　)多长?

(2) 我们班的学生,(　　)两个旁听生,共有24个人。

(3) 我们(　　)出租汽车司机师傅。

(4) 刚才有人给大为(　　)电话。

(5) 明天就考试了,我(　　)得睡不好觉。

11. Choose the correct answers.

(1) 你们只要认真准备,__B__会得到好的成绩。

A. 才　　B. 就　　C. 所以　　D. 而且

(2) 中国的名胜古迹少说__D__有五六百个。

A. 没　　B. 太　　C. 多　　D. 也

(3) 你没去__C__黄山吗?

A. 了　　B. 着　　C. 过　　D. 的

(4) 我们这学期要用十__A__本书。

A. 多　　B. 少　　C. 个　　D. 本

(5) 中国__D__美国大一点儿。

A. 和　　B. 跟　　C. 为　　D. 比

12. Make sentences by matching the words from part I with those from part II with lines.

I	II
参加	一千多年以前
只有一个月的	"中国通"知识大赛
那座山	准备时间
早在	高了点儿
把那棵树	叫做迎客松

13. Write sentences with the words given.

For example: 没有　这座桥　有　50米　→　这座桥有没有50米?

(1) 中国　几次　去　我　旅行　过

(2) 认真　你　只要　考　个　好　成绩　就会

(3) 我　老师　叫　他们

(4) 葡萄　一次　吃　能　我　2斤多

(5) 这里有　七千〇二十　十二亿　九千〇五万　个　人

14. Make sentences with the words given.

(1) 叫　黄河　母亲河
(2) 有　人　打电话
(3) 有　几个人　去中国旅行
(4) 天气好　去旅游(只要……就……)
(5) 锻炼身体　身体好

15. Change the following sentences into the statements with the verb "有".

For example：他两米高。　→　他有两米高。

(1) 学校三千名留学生。

(2) 这座山三百米高。

(3) 这条河三十米?

(4) 这棵树1000多年历史。

(5) 我九十多斤。

16. Translate the following sentences into Chinese, using the words given in the parentheses.

(1) Can you tell me how many foreign students are there in the Language Institute this year? (有)

(2) Bill, there is someone knocking at the door. (有)

(3) As long as you like traveling, you can travel anytime you like. (只要……

就……)

(4) The garden in spring is just like a sea of flowers.(像……一样)

(5) I said that all your family should go to China, including you of course.(包括)

17. Decide whether the following statements are grammatically correct (T) or wrong (F).

(1) 他有多少岁数大? ( )

(2) 中国人不叫长江“母亲河”。 ( )

(3) 只有天气好,我们就出去玩儿。 ( )

(4) 这儿一共有一个 10 亿,两个 200 万,三个一千,584 本书。 ( )

(5) 我有 10 多本词典。 ( )

18. Decide whether the following statements are true (T) or false (F) according to the text in “Reading Comprehension and Paraphrasing” of this lesson.

(1) 京杭大运河是世界上第三长的运河。 ( )

(2) 因为“隋炀帝”姓“杨”,所以人民把大运河两岸的柳树叫“杨柳”。 ( )

(3) 现在,京杭大运河只有北段还能通航。 ( )

(4) 等到大运河恢复通航以后,人们可以从北京坐船去扬州旅游。 ( )

(5) 政府从杭州把一部分水引到运河,再经过运河向北方送水,这叫做“南水北调”。 ( )

19. Answer the following questions.

(1) 你们国家最大的河流是什么?你们叫她什么?

(2) 你参观过中国的哪些名胜古迹?你觉得怎么样?

(3) 你会用汉语说大的数目吗?试着随便写出几个大数字,比如你们国家的人口、面积等,然后读出来,并用它考一考你的朋友。

20. Read the passages and do the following exercises.

(1) Complete the following statements according to the passage.

中国在亚洲东部,太平洋西岸。南北有5500公里;东西有5000公里。中国领土面积是960万平方公里,比俄罗斯和加拿大小,是世界第三位。中国地形是西高东低,平原少,山地多。

中国有13亿人口,56个民族。中华人民共和国是1949年10月1日成立的,她的首都是北京。

a. 中国在________东部,太平洋________。

b. 中国从东到西有________公里。

c. 中华人民共和国是________年________月________日成立的。

(2) Answer the following questions after reading the passage.

光明顶是黄山第二高峰,海拔(hǎibá)高度1840米。峰顶平坦(píngtǎn),面积6万平方米。这里有华东地区海拔最高的黄山气象站(qìxiàngzhàn)。因为光明顶地势平坦,是黄山看日出、观云海的最好的地点之一。游客站在光明顶可以看到东、南、西、北海和天海,黄山五海的烟云都能看到!所以,人们常说,不到光明顶,不见黄山景。

a. 光明顶有多高?

b. 峰顶的面积有多少平方米?

c. 人们常说什么?

(3) Answer the following questions after reading the passage.

跟自然环境有关的地名

在中国,有很多省市的地名跟当地的自然环境有关。我们可以从地名中了解那个地方或者那儿的自然环境的变化。比如,中国有几个省的名字跟河流或湖泊有关,像"河南""河北""湖南""湖北"。"河南""河北"

中的“河”是指黄河。这两个省分别在黄河的南部和北部。“湖南”“湖北”中的“湖”，是指洞庭湖，洞庭湖南部叫“湖南”，北部就叫“湖北”。

a. “河南”“湖北”的名字是怎么来的？

b. 你能猜出“河西走廊”中的“河西”是什么意思吗？

c. 在你们国家，有哪些地名与当地的自然环境有关？

21. Complete Ma Dawei's diary according to the texts of this lesson.

6月20日　多云

今天我爬了黄山。以前听别人说黄山的景色很美，有著名的云海、奇峰、松树，而且那里的景色常常变化。不知道真正的景色怎么样。早上八点，我们到了黄山脚下……

22. Write a short article to introduce your country. (about 150 characters)

第三十二课
Lesson 32

这样的问题现在也不能问了

Listening and Speaking Exercises

1. Pronunciation drills.

Read the following words or phrases aloud, paying special attention to the pronunciation of "zh, ch, sh, z, c, s".

zh——你的汉字写得真棒　一边学习　一边挣钱　照张相片　住房　竞争激烈

ch——怎么称呼　差不多　名不虚传　工程师　支持　受到老师的称赞　差了点儿

sh——你的汉语说得很地道　收入还可以　高新技术企业　欣赏黄山美景　……什么的

z——咱们　怎么办　我还在读书　你长得最漂亮　工资不高　比上不足　外资企业

c——还凑合　这次旅行怎么样　才知道这件事

s——你多大岁数　公司　工资不算太高　个人隐私问题

2. Listen to each question and circle the correct answer according to the texts.

(1) A. 宋华　B. 小马　C. 老马　D. 大马

(2) A. 岁数　B. 在哪儿工作
　　C. 从哪个国家来中国　D. 结婚没有

(3) A. 很高兴地回答　B. 说别的事情,好像没听见
　　C. 不回答　D. 马马虎虎地回答

(4) A. 叫他老马　B. 问别人的隐私
　　C. 见面问"吃了吗?"　D. 叫外国人"老外"

(5) A. 习惯　B. 关心　C. 好奇　D. 想做个朋友

3. **Listen to the following dialogue and decide whether the statements are true (T) or false (F).**

(1) 女的要去北大找她的朋友。 ( )

(2) 语言学院离这儿不太远。 ( )

(3) 女的打算在语言学院学汉语。 ( )

(4) 想知道在国外学汉语要交多少学费。 ( )

(5) 女的说天气很热,是因为她真的觉得很热。 ( )

4. **Listen and fill in the blanks.**

(1) 咱们一起________上爬吧。

(2) 我看你的岁数________我的差不多。

(3) 你汉语说________真棒。

(4) 那你得________工作________挣钱吧?

(5) ________上不足,________下有余。

5. **Listen and write in *pinyin*.**

(1) ________________________________

(2) ________________________________

(3) ________________________________

(4) ________________________________

(5) ________________________________

6. **Listen and write the characters.**

(1) ________________________________

(2) ________________________________

(3) ________________________________

(4) ________________________________

(5) ________________________________

7. **Role-play.**

Listen to and imitate the dialogue together with your partner. Try to get the meaning of the dialogue with the help of your friends, teachers, or dictionaries.

8. **Culture experience.**

请分别找一位中国朋友和一位本国朋友聊天,然后谈谈你与他们聊天的感觉。

Reading and Writing Exercises

1. Write the characters in the blank spaces, paying attention to the character components.

hū	口 + 乎	呼						
dú	讠 + 卖	读						
ò	口 + 我	哦						
bàng	木 + 奉	棒						
zhèng	扌 + 争	挣						
jié	纟 + 吉	结						
hūn	女 + 昏	婚						
luò	纟 + 各	络						
gǎo	扌 + 高	搞						
zī	次 + 贝	资						
qǐ	人 + 止	企						
còu	冫 + 奏	凑						
xīn	斤 + 欠	欣						
lì	一 + 月 + 月	丽						
chuán	亻 + 专	传						

yǐn	阝 + 急	隐							
sī	禾 + 厶	私							
bèi	北 + 月	背							
qīng	氵 + 青	清							
chǔ	林 + 疋	楚							
yú	人 + 一 + 朩	余							
gòu	句 + 多	够							

2. Give the *pinyin* of the following words and phrases and then translate them into English.

(1) 说得真好
得看情况

(2) 照相
互相

(3) 名不虚传
自传

(4) 地道
知道

(5) 背包
后背

(6) 妈妈　　爸爸
哥哥　　弟弟
姐姐　　妹妹
舅舅　　姑姑
爷爷　　奶奶
刚刚　　常常
轻轻　　慢慢

3. **Give the *pinyin* of the following groups of words and then translate them into English. Try to guess the meanings of the words you haven't learned and then confirm them with the help of your friends, teachers, or dictionaries.**

(1) 公园
公司
公费
公共

(2) 游览
游泳
游行
游动
游玩

(3) 老外
老公
老头儿

(4) 还凑合
还可以
还不错
还行

4. **Match each of the following characters in the first line with that in the second to make a word according to the *pinyin* provided. Draw a line to connect the two.**

yóulǎn chēnghu dúshū jiéhūn wǎngluò gōngzī
qǐyè còuhe xīnshǎng měilì yǐnsī qīngchu

称 游 结 读 工 网 凑 企 欣 美 清 隐

婚 书 呼 览 合 业 资 络 楚 私 赏 丽

5. **Fill in the blanks with the correct characters.**

(1) 这是个人的隐________。
他________你都去。
(积 私 和)

(2) 您________里边走。

那是他的________房。

(住　注　往)

(3) 我没有听________楚。

他________你吃晚饭。

(请　清　情)

(4) 他很________赏这儿的景色。

她头疼，________以没有来。

(所　新　欣)

6. Organize the characters in parentheses into Chinese sentences according to the *pinyin* given.

(1) Nǐ de suìshu gēn wǒ chàbuduō.

(岁数你的跟差不多我)

____

(2) Tāmen chàbuduō bǎ gèrén de yǐnsī dōu wèn dào le.

(把个人的问他们差不多都隐私到了)

____

(3) Nǐ Hànyǔ shuō de zhēn bàng!

(说得你真棒汉语)

____

(4) Wǒ bèi tāmen wèn de méi bànfa huídá.

(问得我被回答他们没办法)

____

(5) Tā yě bú yuànyì bǎ tā de gōngzī qīngqingchǔchǔ de gàosu wǒ.

(他也把他的工资不愿意告诉我清清楚楚地)

____

7. **Fill in the blanks with the correct characters according to the *pinyin*.**

大为刚 cóng ________黄山回来，宋华问他这次旅行 zěnmeyàng ________。大为说："好 jí ________了！黄山的 jǐngsè ________很有特色。"但是，他 duì ________一位中国小伙子问他的个人 yǐnsī ________问题很不舒服。宋华告诉他，这是 biǎoshì ________对他关心和友好。可是大为还是 rènwéi ________这些问题不应该问。

8. **Character riddle.**

儿女双全。

（The key is a character.）

（Key to the riddle in Lesson 31：生）

9. **Fill in the blanks with the proper verbs.**

（1）——您怎么（　　）？

——叫我小马吧。

（2）这两瓶水够我（　　）了。

（3）你每个月（　　）多少钱？

（4）（　　）网络的，工资一定很高。

（5）这个词你（　　）得很地道。

10. **Choose the correct answers.**

（1）她能不能来参加晚会（party），得__看__她心情好不好。

A. 想　B. 听　C. 看　D. 问

（2）我喜欢喝可乐__C__。

A. 什么　B. 的　C. 什么的

（3）他学习已经__C__努力了。

A. 不　B. 要　C. 够　D. 没

（4）他爸爸是唱京剧__A__。

A. 的　B. 地　C. 得

（5）你__C__多穿一些衣服，外面很冷。

A. 的　B. 地　C. 得

11. **Make sentences by matching the words from part I with those from part II with lines.**

I	II
你怎么称呼？	真是名不虚传
还凑合	地道
黄山的景色	叫我小马好了
“名不虚传”用得	是“马马虎虎”的意思
他有点儿好奇，	就问得多了一点儿

12. Write sentences with the words given.

For example：收入　我的　还可以　→　我的收入还可以。

(1) 饭菜　今天　餐厅　做　还不错　的

(2) 两本　那　汉语　我的　课本　新　从　是　北京　买的

(3) 奶奶　热情地　我的　欢迎　到来　外国朋友　的

(4) 能不能　得　说好　把　那　汉语　看　是不是　经常　练习

13. Make sentences with the words given.

(1) 把　车　停在门口

(2) 把　情况　介绍介绍

(3) 把　房间　打扫得干干净净

(4) 没把　考试　放在心上

14. Change the following sentences into the statements with the prep osition “把”.

For example：我打他。　→　我把他打了。

(1) 水果放在盘子里。

(2) 汽车开到学校。

(3) 这篇文章翻译成英语。

(4) 那个包裹寄给他爷爷。

(5) 晚饭已经做好了。

(6) 书都搬进书房去了。

(7) 你的自行车被小张骑走了。

(8) 这个月的工资被妻子花完了。

(9) 那套西服被他穿脏了。

(10) 医生被我请来了。

(11) 你的名字被他写错了。

15. Translate the following sentences into Chinese, using the words given in the parentheses.

(1) Whether we can go abroad depends on our family.(看)

(2) Would you like to take the child home? (把)

(3) How should I address you? (称呼)

(4) You should help her, otherwise she will fail in the exam.(得)(要不)

16. Decide whether the following statements are grammatically correct (T) or wrong (F).

(1) 只要在网络公司工作,收入才不会低。 (F)

(2) 我的收入还凑合。 (T)

(3) 差不多把个人隐私都问到了。 (T)

(4) 大家走了差不多两个小时。 (T)

(5) 我不喜欢吃什么饺子、面条、馒头的。 (F)

17. Decide whether the following statements are true (T) or false (F) according to the text in "Reading Comprehension and Paraphrasing" of this lesson.

(1) 以前,王兴想得最多的是怎么花钱。 ( )

(2) 现在他忙着学习,忙得没有休闲时间。 ( )

(3) 因为王兴老了,所以想去学习,让自己变得年轻一些。 ( )

(4) 如果他再不学习,就一定会被淘汰。 ( )

(5) 妻子支持王兴,因为学习可以帮助王兴挣更多的钱。 ( )

18. Answer the following questions.

(1) 你喜欢和别人聊天吗?

(2) 你的中国朋友对聊什么感兴趣? 你呢?

(3) 当你不想回答别人的问题时,你怎么办?

19. Read the passages and do the following exercises.

(1) Translate the following words according to the passage.

迎客松在黄山光明顶上,是有名的景点。人们非常欣赏它那张开双臂热情欢迎客人的样子。黄山迎客松已有1000多年的树龄(shùlíng)。从1983年开始,每天有专人守护(shǒuhù),先后已经有13位守护员跟迎客松一起度过了近20年的岁月(suìyuè)。在精心护理下,这棵千年名松现在仍然(réngrán)枝叶茂盛(màoshèng)。

a. 树龄

b. 守护

c. 岁月

d. 仍然

e. 茂盛

(2) Complete the following statements after reading the passage.

有位老画家特别喜欢画梅花(méihuā)。朋友家有个三四岁的女孩子常来看老画家画梅花。

有一天,女孩儿很高兴地对爸爸妈妈说,老爷爷答应(dāying)给她画一幅梅花。妈妈给她准备了一张白纸,女孩儿把它交给了老画家。一会儿,老画家就在纸上画出了一枝美丽的梅花。女孩儿看着画问老画家:"爷爷,这梅花什么时候结水果?"老画家看了看孩子,笑着说:"明天。"女孩儿说了一声"谢谢爷爷!",就拿着画跑回家去了。

没想到第二天,女孩儿真的又拿着画来找老画家。"爷爷,今天梅花该结水果了吧?"她要老画家给她画水果。梅花是不结果子的,可是老画家昨天答应过她。虽然是开玩笑的话,但孩子是认真的。所以,老画家就在那枝梅花上又画上了许多果子。小孩子满意地笑了。老画家自己也笑了。他画了一幅从来没有人画过的《梅花结子图》。

a. 老画家________画梅花。

b. 朋友家________的女孩常来看老画家画画。

c. 妈妈给她________了一张白纸。

d. 老画家给她画了一枝________的梅花。

(3) Discuss the question according to the passage.

我有急事要回报社,没有买票,就急急忙忙地上了火车。这时,列车长(lièchēzhǎng)过来了,我正要找他,前面一个年轻人把他喊住了,问他:"列车长,还有卧铺票没有? 我是记者,能不能照顾(zhàogù)一下?"说着就拿出记者证给列车长看。列车长接过他的记者证,看了看说:"硬卧票(yìngwòpiào)没有了,软卧票(ruǎnwòpiào)还有,你要不要?"

"要,要!"那个年轻人高兴地说。

列车长说:"我给你写个铺号,你到七号车厢找列车员补票交钱。"那个年轻人拿着铺号走了。我也拿出记者证对列车长说:"列车长,我也是记者,还有软卧票吗?"列车长把我的记者证看了看,问我:"你也是《江城日报》的记者,刚才补票的那位年轻人也是你们报社的记者,你们不是一起的?"

我回答说:"不是的。我们报社大,人多,很多人都互相不认识。"列车长听了,没再问什么,也给了我一个卧铺号。他对我说:"你跟他都在二车厢6号房,这次你们有机会互相认识认识了。"

我先到七号车厢交了钱，补了票，然后才到二车厢6号房。那个年轻人正在听着音乐喝茶呢！我看了看他，觉得他不是我们报社的人。我想了想，就拿出记者证对那个年轻人说："我是《江城日报》的，听说你也是我们报社的记者，我好像没见过你？"那个年轻人站起来跟我说："大哥，老实(lǎoshi)告诉您，我不是你们报社的，我是做生意(shēngyi)的。那个记者证是我花二百元钱在广州买的。因为我跑生意要常坐车，用记者证买票方便些。不过，我从来没有用假记者证干过别的违法(wéifǎ)的事。"说完，他就把自己的身份证给我看，还说："请你记下我的地址和身份证号码，不信，你们可以去调查。"

我心里想："如果他说的话是真的，他用假记者证只是为买火车票，那么，这种人是不是犯了诈骗罪(zhàpiànzuì)呢？"

Discussion Topic：年轻人是不是犯了诈骗罪？

(4) Answer the questions after reading the passage.

中国人有没有隐私？

外国朋友常常对中国人的"直率"(zhíshuài)觉得不能理解。比如说，路上见面，中国人常常用"吃了吗？""你去哪儿？"来打招呼。第一次见面，有的中国人就可能问对方的年龄、收入、家庭情况、身高体重等个人隐私问题。所以，很多外国人认为中国人没有个人隐私。中国人是怎么想的呢？在中国，朋友之间互相问问对方的近况，包括生活、家庭、身体健康等，是表示互相关心。如果两个中国人见面只说"今天天气好。"，会让人觉得不够热情，或者不是朋友跟朋友聊天。那么，中国人有没有隐私呢？当然有。在中国，一般不愿意让别人知道的个人的事情，或者是家庭里发生的不好的事情，别人也不会去问。还没结婚的青年男女，一般也不互相问年龄或者有没有朋友。

a. 外国朋友可能对一些中国人的什么样的习惯不理解？

b. 中国人通常用哪些方式打招呼？这样问表示什么？

c. 如果两个中国人只谈天气，这说明什么？

d. 中国人有隐私吗？

e. 你认为个人隐私包括哪些内容？

20. Complete Ma Dawei's diary according to the texts of this lesson.

7月2日　小雨

今天，我在黄山认识了一个中国朋友，他问了我许多我不愿意回答的问题。我真不知道他为什么这么关心别人的个人隐私问题……

第三十三课
Lesson 33

保护环境就是保护我们自己

Listening and Speaking Exercises

1. Pronunciation drills.

Read the following words or phrases aloud, paying special attention to the pronunciation of "j, q, x, zh, ch, sh".

j——决定上大学　保护环境　建立自然保护区　条件还可以
解决问题　教室里很安静

q——空气很好　过期罚款　母亲节快乐　去银行换钱　请全体起立
邮局在前边

x——喜欢看戏　练习和复习　继续上课　见到你很高兴　旗袍和西服
亚洲和非洲的关系

zh——照相机　注意污染　既认真又热情　今年春天天气不正常
职业病　看展览

ch——名不虚传　差不多　商场里人很少　成都和重庆
不到长城非好汉　火车上的售票员

sh——上床睡觉　考试很简单　这件衣服很舒服　老师和教授　圣诞节
晚上　中华武术

2. Listen to each question and circle the correct answer according to the texts.

(1) A. 香山　B. 万寿山　C. 灵山　D. 景山
(2) A. 陆雨平　B. 王小云　C. 林娜　D. 宋华
(3) A. 泰山　B. 黄土高原　C. 西藏高原　D. 黄山
(4) A. 国家公园　B. 游乐园　C. 动物园　D. 植物园
(5) A. 女科学家　B. 女外交官　C. 女记者　D. 女文学家

3. Listen to the following dialogue and decide whether the statements are true (T) or false (F).

(1) 女的觉得山很高。 (　　)

(2) 女的爬不上去了。 (　　)

(3) 男的不知道这座山的名字。 (　　)

(4) 男的说灵山是北京最高的地方。 (　　)

(5) 山太高,他们不想上去了。 (　　)

4. Listen and fill in the blanks.

(1) 他歌唱________很好。

(2) 你还爬得________吗?

(3) 我回答不________了。

(4) 女科学家________了藏趣园。

(5) 植树节的消息登出来________没有?

5. Listen and write in *pinyin*.

(1) ____________________

(2) ____________________

(3) ____________________

(4) ____________________

(5) ____________________

6. Listen and write the characters.

(1) ____________________

(2) ____________________

(3) ____________________

(4) ____________________

(5) ____________________

7. Role-play.

Listen to and imitate the dialogue together with your partner. Try to get the meaning of the dialogue with the help of your friends, teachers, or dictionaries.

8. Culture experience.

从网上找一些有关环境保护的文章,然后向你的同学作介绍。

9. **Try to read the following sentence as quickly as you can.**

早饭吃得饱，午饭吃得好，晚饭吃得少。

Reading and Writing Exercises

1. **Write the characters in the blank spaces, paying attention to the character components.**

bǎo	亻 + 口 + 木	保						
huán	王 + 不	环						
jìng	土 + 竟	境						
kē	禾 + 斗	科						
yuán	厂 + 白 + 小	原						
zhí	木 + 直	植						
lìng	今 + 丶	令						
yíng	艹 + 冖 + 吕	营						
jì	艮 + 无	既						
jiē	扌 + 立 + 女	接						
shòu	爫 + 冖 + 又	受						
yù	亠 + 厶 + 月	育						
jì	纟 + 米 + 乚	继						
xù	纟 + 卖	续						

yán	石 + 开	研						
jiū	穴 + 九	究						
yí	禾 + 多	移						
líng	彐 + 火	灵						
dēng	癶 + 豆	登						
jué	冫 + 夬	决						
wū	氵 + 亏	污						
rǎn	氵 + 九 + 木	染						
shā	氵 + 少	沙						
mò	氵 + 艹 + 日 + 大	漠						
kào	告 + 非	靠						
jìn	斤 + 辶	近						
guān	宀 + 㠯	官						

2. Give the *pinyin* of the following words and phrases and then translate them into English.

(1) 教汉语
受教育

(2) 都市
都是

(3) 空气
空白

(4) 种树
种类

3. **Give the *pinyin* of the following groups of words and then translate them into English. Try to guess the meanings of the words you haven't learned and then confirm them with the help of your friends, teachers, or dictionaries.**

(1) 植物
动物
人物
生物
食物
物理

(2) 移植
种植
植树

(3) 鱼网
上网
网吧
网球

(4) 初一　　初二
初九　　初十
第一　　第二
第三　　第十一
老张　　老李
老大　　老二
老鼠　　老虎
老板　　老婆
老公　　老师
阿姨

4. **Match each of the following characters in the first line with that in the second to make a word according to the *pinyin* provided. Draw a line to connect the two.**

bǎohù　huánjìng　kēxué　gāoyuán　jiànlì　zhíwù
jiēshòu　jiàoyù　jìxù　yánjiū　jiějué　wūrǎn

保　科　环　建　高　植　教　接　继　研　污　解

学　境　护　物　育　立　原　续　染　决　受　究

5. Fill in the blanks with the correct characters.

(1) 每个人都要保护＿环＿境。
　他的汽车可能＿坏＿了。
　(杯　坏　环)

(2) 您来解＿决＿这个问题。
　那是一＿块＿大蛋糕~~房~~。
　(块　快　决)

(3) 他口语成＿c＿不错。
　你要＿A＿续努力。
　(继　积　绩)

(4) 他确＿c＿很忙。
　哪儿＿A,B＿名牌电视。
　(买　卖　实)

(5) 他爱好体育＿B＿动。
　明天去参观的人不包＿C＿他。
　(话　活　括)

6. Organize the characters in parentheses into Chinese sentences according to the *pinyin* given.

(1) Wǒmen yě gǎnjué de chūlai.
　(感觉我也得们出来)

　＿＿＿＿＿＿＿＿＿＿＿＿＿＿＿＿＿＿＿＿

(2) Tā kěnéng hái kàn bu dǒng.
　(可能他不懂还看)

　＿＿＿＿＿＿＿＿＿＿＿＿＿＿＿＿＿＿＿＿

(3) Xiànzài rénrén dōu guānxīn Běijīng de lǜhuà.
(都关心现在北京人人的绿化)

____

(4) Shāmò zhèng yì nián yì nián de xiàng Běijīng kàojìn.
(正一年一年沙漠地靠近向北京)

____

(5) Wǒ xiě de zhíshù Jié de xiāoxi dēng chūlai le.
(植树节我写的登出来了的消息)

____

7. Fill in the blanks with the correct characters according to the *pinyin*.

灵山的藏 qù ________ 园是一位女科学家 jiànlì ________ 的植物园。那里的自然环境 gēn ________ 西藏高原 chà ________ 不多。年年都有很多中小学生去那儿 guò ________ 夏令营。他们 jì ________ 能欣赏自然景色，又能接受环 jìng ________ 保护的教育。林娜他们也去了那里。他们很关心环保问题。陆雨平还 wèi ________ 北京的植树节写了一篇消息。他说："zhòng ________ 树是保护环境的重要办法之一。北京有不少种 jì ________ 念树的活动。大家不 dàn ________ 要把树种上，而且棵棵都要种活。我的文 zhāng ________ 就是写一位非洲外交官带着全家人参加种树的事儿。在北京的外交官们都喜欢一家一家地去 cān ________ 加种树的活动。"

8. Add character components to each side of the character "口" to form the characters which we have learned.

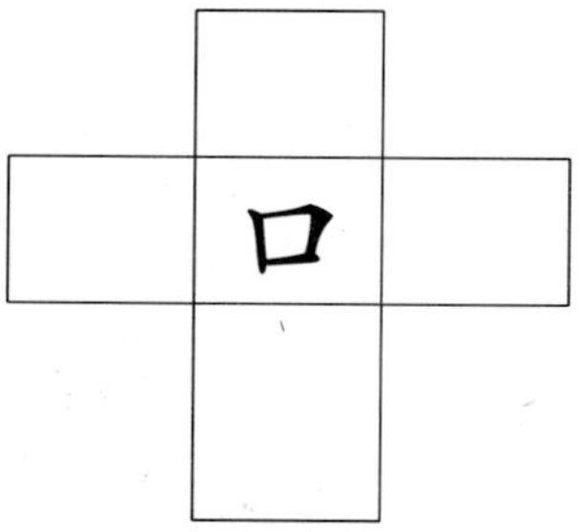

(Key to the riddle in Lesson 32：好)

9. Fill in the blanks with the proper verbs.

(1) 陆雨平说:“车上不去了,请下车吧!我把车(　　)好,马上就来。”

(2) 林娜和同学们一步一步地(　　)上灵山。

(3) 那位女科学家(　　)出了一个好主意。

(4) 林娜说她现在还不一定(　　)得懂中文的长文章。

(5) 照片上一棵一棵的小树(　　)得多整齐啊!

(6) 他写的植树节的消息在报上(　　)出来了。

10. Choose the correct answers.

(1) 北京市___A___努力解决空气污染的问题。

　　A. 正在　　B. 很　　C. 已经　　D. 可能

(2) 一棵一棵的小树排___B___多整齐啊!

　　A. 很　　B. 得　　C. 的　　D. 地

(3) 现在人人___D___关心北京的绿化。

　　A. 太　　B. 还　　C. 也　　D. 都

(4) 沙漠正一年一年地___A___北京靠近。

　　A. 向　　B. 从　　C. 跟　　D. 和

11. Make sentences by matching the words from part I with those from part II with lines.

I	II
他想去藏趣园	拍得很好
张张照片都	听不懂老师的话
你听得懂	参观
我们一步一步地	应该接受环境保护的教育
中小学生们	往上爬

12. Write sentences with the words given.

For example: 说　好　他　得　汉语　很　→　他汉语说得很好。

(1) 你　这些　记　住　得　吗　生词

(2) 这些　吃　吃不完　得　完　菜　你

(3) 看　了　没有　你　出来

(4) 他　过　春节　年年　回家　都

(5) 球门　小　踢　进去　不　太

13. Make sentences with the words given.

(1) 听　得　出来

(2) 搬　得　进去

(3) 买　得　到

(4) 爬　不　上去

(5) 跑　不　回去

14. Decide whether the following statements are grammatically correct (T) or wrong (F).

(1) 你爬得去吗?　(　)

(2) 这么多生词你是怎么记住的?　(　)

(3) 我现在还不一定看懂中文的长文章。　(　)

(4) 力波既会说英语,又会说日语。　(　)

15. Decide whether the following statements are true (T) or false (F) according to the text in "Reading Comprehension and Paraphrasing" of this lesson.

(1) 熊猫只生活在中国东部的一些地方。　(　)

(2) 大熊猫是中国的"国宝"之一。　(　)

(3) "我"的国家也有大熊猫,但很少。　(　)

(4) "我"昨天和一位中国朋友去了北京动物园。　(　)

(5) 美美和田田成了中国人民的友好"使者"。　(　)

16. Answer the following questions.

(1) 你关心环境保护问题吗?

(2) 你最担心的环保问题是什么?

(3) 你平时是怎样保护环境的?

(4) 你同意“保护环境就是保护我们自己”这种看法吗？

(5) 你认为有什么好办法可以更好地保护我们的环境？

17. Read the passages and do the following exercises.

(1) Translate the following words according to the passage.

从 2003 年 6 月起，北京市绿化有了新规定(guīdìng)：今后在新建大型绿地时，绿地率不能低于 60%，乔木(qiáomù)树种不能低于 70%，没有树的草坪不能超过 30%，要“多种树、种大树”。这是北京市政府明确(míngquè)规定的。

a. 规定
b. 绿地率
c. 低于
d. 明确

(2) Answer the following questions after reading the passage.

城市绿地跟环境保护

城市绿地是城市环境保护的重要组成部分。一定的绿地不但可以美化城市，而且可以减轻(jiǎnqīng)环境污染。绿色植物是地球(dìqiú)上的环保工厂。它们吸收二氧化碳(èryǎnghuàtàn)，放出氧气(yǎngqì)，让城市有新鲜的空气。一个风景美丽的城市应该有城市绿地。这样，城市里的人们既能欣赏到大自然的美景，又能有一个很好的生活环境。

a. 城市绿地有什么作用？

b. 为什么说绿色植物是地球上的环保工厂？

c. 为什么一个风景美丽的城市应该有城市绿地？

(3) Answer the following questions after reading the passage.

内蒙有一座小山叫西梁山，离北京有300公里。18年前，这座面积3400多亩（mǔ）的小山上连一棵树都没有。现在这里已经变成了绿洲。这是一位农民和他的妻子，带着11岁的孩子，用汗水浇灌（jiāoguàn）出来的。这位农民就是西山村的唐汉。

1985年春天，37岁的唐汉把家搬到了西梁山上。那时候村里有人说："唐汉放着好好的日子不过，跑到山上去喝西北风，一定是脑筋（nǎojīn）有问题！"唐汉说："沙漠化这么厉害（lìhai），咱现在吃点苦、受点累，把沙治好，让子孙可以过上好日子。"他对村长说："不把这座山绿化了，我决不下山！"

他们一家三口住在西梁山上的一间小屋里。早上起来，眼里、嘴里全是沙子。这还是小问题，更困难的是喝水。他们要到山下拉水，来回有八九里路，拉一车水差不多要花半天时间。

最难的还是种树不容易活。他们先种的是白榆（báiyú），还没等树苗发芽（fāyá），山风就把树根刮出来了。唐汉对妻子说："种白榆不行，咱们就种山杏（shānxìng）。"他们就把山杏种子种了下去。过了半个月，山杏种子都发芽了，一家人都很高兴。到了冬天，大风一刮，1000多棵山杏苗又都死了。

第二年春天，他们又改种黄沙柳（huángshāliǔ）。树种下去以后，过了几天，唐汉在沙柳枝上发现了嫩芽（nènyá）。"黄沙柳活了！"他高兴得大喊大叫。一家人看到了希望！

18年的汗水终于改变了西梁山的环境，沙丘变成了绿洲。唐汉一家也富起来了。

a. 他们一家在山上的生活怎么样？

b. 为什么1000多棵山杏苗都死了？

c. 唐汉干了多少年才绿化了西梁山?

18. Imitating the example, write a letter in Chinese on environmental protection.

语言学院环保协会的同学们:

你们好!

我是一名外国学生。我很关心北京的环境保护问题。前几天我在报上看到了北京种纪念树的消息。现在人人都关心北京的绿化,我很高兴。我建议这个周末或者下个周末,我们学校的同学去西山植树。

保护环境是非常重要的事儿。让我们一起努力吧! 因为保护环境就是保护我们自己!

林娜

2003.6.15

19. Use at least 8 words and phrases from the following list to write a short article on environmental protection.

保护　环境　空气　绿化　植物　种植　植树　移植　沙漠　污染

解决　担心　参观　欣赏　游览　景色　风景　自然　既……又……

跟……有/没关系

第三十四课
Lesson 34

神女峰的传说

Listening and Speaking Exercises

1. Pronunciation drills.

Read the following words or phrases aloud, paying special attention to the pronunciation of "zh, ch, sh, z, c, s".

zh——帮助小学生　抓住树枝　中文专业　重要的事情　六十分钟
尊重老师　好主意

ch——常常生病　春天的早上　四川成都　怎么称呼　古代传说
厨房和餐厅

sh——三峡山水　接受教育　首都北京　名胜古迹　司机师傅
上山下山　友谊的使者

z——租房子　做作业　民族特色　藏族的医生　医务室的工作人员
实在不舒服

c——凑合　蔬菜和水果　怎么才来　参观植物园　下次再说吧
喜欢四川菜

s——颜色不错　打扫宿舍　真不好意思　参加世界比赛　西藏的景色
入乡随俗

2. Listen to each question and circle the correct answer according to the texts.

(1) A. 小燕子　B. 马大为　C. 丁力波　D. 王小云
(2) A. 带了　B. 没带
(3) A. 医院　B. 药店　C. 医务室　D. 朋友那儿
(4) A. 刮风　B. 下雨　C. 下雪　D. 阴天
(5) A. 吃饭　B. 看电视　C. 聊天　D. 睡觉

3. **Listen to the following dialogue and decide whether the statements are true (T) or false (F).**

(1) 他们吃了很多辣的东西。 (　　)

(2) 女的觉得空气都有辣味儿了。 (　　)

(3) 他们已经到神女峰了。 (　　)

(4) 男的没听过神女峰的传说。 (　　)

(5) 女的知道神女峰的传说。 (　　)

4. **Listen and fill in the blanks.**

(1) 他晕得________可乐也不想喝了。

(2) 刚才我睡________了。

(3) 妈妈从早到晚________我忙。

(4) 你________在说好听的了。

(5) 林娜明天不去长城,她上星期已经去过了。

________,她明天还有别的事。

5. **Listen and write in *pinyin*.**

(1) ________________________________

(2) ________________________________

(3) ________________________________

(4) ________________________________

(5) ________________________________

6. **Listen and write the characters.**

(1) ________________________________

(2) ________________________________

(3) ________________________________

(4) ________________________________

(5) ________________________________

7. **Role-play.**

Listen to and imitate the dialogue together with your partner. Try to get the meaning of the dialogue with the help of your friends, teachers, or dictionaries.

8. **Culture experience.**

你知道一些中国的传说吗？说给你的朋友们听听。

9. **Try to read the following sentences as quickly as you can.**

四是四，十是十。十四不是四十四，你说是不是？

10. **Read the following material and do questions-and-answers with your partner.**

三峡工程(gōngchéng)——世界上最大的水利工程

三峡大坝：

长：2335 米　底宽：115 米　顶宽：40 米　高：185 米

三峡水库：

全长：600 多千米　平均宽度：1.1 千米

工程分期(共 17 年)：

一期工程：1993 年——1998 年
二期工程：1999 年——2003 年
三期工程：2004 年——2009 年

Reading and Writing Exercises

1. **Write the characters in the blank spaces, paying attention to the character components.**

yūn	日 + 冖 + 车	晕							
chuán	舟 + 几 + 口	船							
là	辛 + 束	辣							
jiǎng	讠 + 井	讲							

wèi	口 + 未	味						
lián	车 + 辶	连						
guā	舌 + 刂	刮						
liáng	冫 + 京	凉						
shén	礻 + 申	神						
chuān	丿 + 丨 + 丨	川						
hú	氵 + 古 + 月	湖						
xiá	山 + 夹	峡						
mí	米 + 辶	迷						
shī	讠 + 寺	诗						
àn	山 + 厂 + 干	岸						
yuán	犭 + 袁	猿						
tí	口 + 帝	啼						
bà	土 + 贝	坝						
lǐ	木 + 子	李						

2. Give the *pinyin* of the following words and phrases and then translate them into English.

(1) 可乐

音乐

(2) 找不着

看着电视

(3) 干什么

洗干净

3. Give the *pinyin* of the following groups of words and then translate them into English. Try to guess the meanings of the words you haven't learned and then confirm them with the help of your friends, teachers, or dictionaries.

(1) 头晕

晕车

晕船

晕机

(2) 坐船

船票

船长

船员

(3) 医务室

售票室

办公室

(4) 古诗

新诗

诗人

作诗

(5) 刀子	叉子	杯子
盘子	筷子	瓶子
桌子	椅子	妻子
儿子	孙子	孩子
房子	嗓子	本子

样子	棋子	小伙子
(6) 花儿	画儿	事儿
大声儿	座儿	个儿
(7) 石头	木头	骨头
里头	外头	上头
下头	前头	后头
(8) 记者	作者	译者
读者	学者	长者
爱好者	工作者	旅游者
(9) 绿化	美化	老化
年轻化	科学化	简单化
(10) 画家	作家	专家
文学家	科学家	艺术家
音乐家	舞蹈家	演奏家

4. Match each of the following characters in the first line with that in the second to make a word according to the *pinyin* provided. Draw a line to connect the two.

yùnchuán　guāfēng　yèli　chuánshuō　láiwǎng　kělè

mízhù　qīngzhōu　měilì　wánxiào　zhàogù

晕　刮　夜　传　来　可　美　迷　轻　玩　照

里　说　船　风　丽　住　往　乐　顾　舟　笑

5. Give the *pinyin* of the following characters with dots and then translate the whole sentences into English.

(1) 马大为很喜欢中国音乐________。
他不想喝可乐________。

(2) 这枝名牌毛笔很好________用。
他爱好________唱京剧。

(3) 他每天都是晚上十点半睡觉________。
我觉________得这事儿比较麻烦。

(4) 轻舟已过万重________山。
这个包裹很重________。

(5) 君子兰长________得很好。
休息的时间不长________。

6. Organize the characters in parentheses into Chinese sentences according to the *pinyin* given.

(1) Nǐ Sìchuān cài chī de hěn gāoxìng a.
(吃得你四川菜高兴很啊)

____

(2) Yùnchuán de yào nǐ chī le méiyǒu?
(船的晕药没有你吃了)

____

(3) Gāngcái wǒ shuìzháo le.
(睡着刚才我了)

____

(4) Chuán hǎoxiàng tíngzhù le.
(像停住船好了)

____

(5) Wǒ hái jìzhù liǎng jù Lǐ Bái de shī.
(还记住我李白的诗两句)

____

(6) Zhèr lián kōngqì yě yǒu là wèir.
(连空气这儿也味儿有辣)

____

7. Fill in the blanks with the correct characters according to the *pinyin*.

小燕子和马大为去游 lǎn 览______三峡。他们一路上吃了不少很 là 辣______的菜，大为又 yùn 晕______船，所以很不 shū 舒______服。小燕子去医务室要了晕船 yào 药______。大为吃了药，又 shuì 睡______了一觉，很快就好了。三峡的景色美得好像一 fú 幅______中国山水画。大为说他被美丽的神女和从早到晚为他忙的小燕子 mí 迷______住了。小燕子还 gěi 给______大为讲了神女峰的传说。

8. Add character components to each side of the character "木" to form the characters which we have learned.

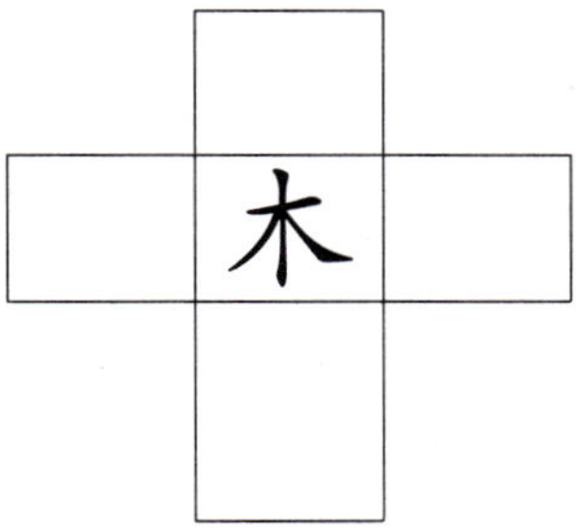

(Key to exercise 8 in Lesson 33: 号足，古台名各右，咱吃喝咖啡唱吗吧呢，和知加)

9. Fill in the blanks with the proper verbs.

(1) 他不能坐船，因为他(　　)船。
(2) 小燕子给大为(　　)了神女峰的传说。
(3) 我不记得把书(　　)在哪儿了。
(4) (　　)风了，外边有点儿凉。
(5) 别(　　)了，昨天的考试特别难。

10. Choose the correct answers.

(1) 快考试了，________不能再玩儿了。

A. 能　　B. 可　　C. 可以　　D. 会

(2) 别提了，昨天我________晕了。

A. 很　　B. 是　　C. 非常　　D. 十分

(3) 爸爸________早________晚为工作忙。

A. 既……又　　B. 不但……而且

C. 一边……一边　　D. 从……到

(4) 刮风了，外边有点儿凉，你________别出去。

A. 可能　　B. 可以　　C. 可　　D. 还

(5) 过几年你________来游览三峡，还会看到新的景色。

A. 再　　B. 又　　C. 就　　D. 才

11. Make sentences by matching the words from part I with those from part II with lines.

I	II
我站起来	全身都不舒服
我觉得	好点儿
三峡	就头晕
我头晕	实在是太美了
李白的那首诗	我记住了两句

12. Write sentences with the words given.

For example：说　好　他　得　汉语　很　→　他汉语说得很好。

(1) 吃　可　不　这么辣的菜　下去　我

(2) 可乐　味儿　的　不对了　也

(3) 你　吃　什么　点儿　应该

(4) 今天　点儿　你　吧　了　好

(5) 我们　吧　欣赏　景色　三峡　来　一起

13. Make sentences with the words given.

(1) 拿　得　住

(2) 等　得　着

(3) 站　不　住

(4) 买　不　着

(5) 睡　不　着

14. Change the positive sentences into negative sentences.

For example: 刚才我睡着了。　→　刚才我睡不着。

(1) 李白的那首诗我记住了。

(2) 我找着我的书了。

(3) 这种衣服一定买得着。

(4) 东西不大,我拿得住。

(5) 我看得见黑板。

15. Translate the following sentences into Chinese, using the words given in the parentheses.

(1) She is singing a love song.(首)

(2) It's blowing hard tonight.(刮)

(3) I'd like to go, but I'm not sure if I can find the time.(又)

(4) She bought a lot of beautiful flowers for her mother on the Mother's Day.(为)

(5) I'm looking for my bag, but I can't find it.(找不着)

16. **Decide whether the following statements are grammatically correct (T) or wrong (F).**

(1) 又说,船上的菜个个都辣。 (　　)

(2) 过几年你再来游览三峡,还会看到新的景色。 (　　)

(3) 我可吃不去。 (　　)

(4) 我们都对这件事着急。 (　　)

(5) 他晕得连可乐也不想喝了。 (　　)

17. **Decide whether the following statements are true (T) or false (F) according to the text in "Reading Comprehension and Paraphrasing" of this lesson.**

(1) 鼻烟壶在中国已经有2000多年的历史了。 (　　)

(2) 张学良先生最喜欢收藏鼻烟壶。 (　　)

(3) 年轻的艺术家在鼻烟壶里画了自己年轻时穿着军服的画像。 (　　)

(4) 1992年,中国在夏威夷举办了工艺美术展。 (　　)

(5) 张学良先生参观展览时见到了那位为他画像的老画家。 (　　)

18. **Answer the following questions.**

(1) 你游览过三峡吗?

(2) 你听过三峡的传说吗?

(3) 你还知道哪些美丽的传说?

(4) 三峡的事儿你还知道些什么?

(5) 你游览过哪些自然风景区?

(6) 你喜欢什么样的景色?

19. **Read the passages and do the following exercises.**

(1) Try to read and recite the following poem of Li Bai.

早发白帝城 **Zǎo Fā Báidìchéng**

朝辞白帝彩云间，	Zhāo cí Báidì cǎiyún jiān,
千里江陵一日还。	qiān lǐ Jiānglíng yí rì huán.
两岸猿声啼不住，	Liǎng àn yuánshēng tí bu zhù,
轻舟已过万重山。	qīng zhōu yǐ guò wàn chóng shān.

(2) Complete the following statements after reading the passage.

班门弄斧

李白的墓(mù)在安徽当涂。去江南游览的诗人、作家一般都要去看看李白的墓。有的还作诗纪念这位大诗人。有个诗人也去看李白的墓。他看见墓前写了不少诗,但是好诗不多。他心想:"这样的诗怎么能写在李白的墓前呢,太可笑了。"他决定自己也在李白墓前写一首诗:

采石江边一堆土，
李白诗名高千古。
来的去的写两行，
鲁班门前弄大斧。

"一堆(duī)土"是指李白的墓。鲁班是春秋战国时候一位有名的木匠(mùjiang),是用斧子的专家。后来的木匠都把鲁班看成是自己的祖师爷(zǔshīyé)。这首诗的意思是:那些在李白墓前写诗的人,就好像在鲁班门前用斧子一样。

后来人们常用"班门弄斧"来比喻在专家面前表现自己。

a. "一堆土"是指________的墓。
b. 鲁班是用斧子的________。
c. "班门弄斧"是比喻在专家面前________。

(4) Answer the following questions after reading the passage.

古代诗人与三峡

三峡在中国人心中的地位很重要。《唐诗三百首》里直接写三峡的就有12首,写长江的有54首。中国第一位大诗人屈原(Qū Yuán)的故乡就在三峡。"诗仙"李白三次过三峡,留下了不少诗篇,特别是《早发白帝城》最有名。"诗圣"杜甫也写下了很多名诗。

a. 三峡在中国人心中的地位怎么样？

b. 中国第一位大诗人是谁？他家在哪儿？

c. 李白写三峡最有名的诗是哪首？

20. Complete the passage according to the texts of this lesson.

今天我参观了三峡书画作品展览。我还没去过三峡，一直想去看一看那儿的美丽景色。今天的展览让我对三峡先有了一个了解。……

21. Use at least 8 words and phrases from the following list to describe one of your travel experiences.

再说　不想 + V_1……就想 + V_2　看日出　好点儿了　迷住了

连……也……　别提了　既……又……　实在　美极了　游览　景色

第三十五课
Lesson 35

汽车我先开着

Listening and Speaking Exercises

1. Pronunciation drills.

Read the following words or phrases aloud, paying special attention to the pronunciation of "ian, ai, ou, üe, uei, eng".

ian ——现在先听我说　锻炼身体　勤俭节约　时间就是金钱
　　　艰苦朴素　实现理想

ai ——开始工作　买汽车　我还没吃晚饭　开车上班　摆了很多盆景
　　　再见　借债

ou ——开学以后　都21世纪了　去中国旅游　享受生活

üe ——节约　向科学家学习　我觉得这样做不好　越来越多
　　　解决问题

uei ——绝对不行　最有信用的人　为我们的友谊干杯　胃疼　对不起

eng——挣够钱了　你疯了　说梦话　您老怎么称呼　他生病在家休息
　　　修整了一下花草

2. Listen to each question and circle the correct answer according to the texts.

(1) A. 开始工作以前　　B. 开始工作以后
　　C. 工作一年以后　　D. 工作五年以后

(2) A. 走路　　B. 开汽车
　　C. 骑自行车　　D. 跑步

(3) A. 用父母的钱　　B. 自己工作的钱
　　C. 向朋友借钱　　D. 向银行贷款

(4) A. 百分之十或二十　　B. 百分之二十或三十
　　C. 百分之五或十　　D. 百分之一或五

(5) A. 会　　B. 不会

3. Listen to the following dialogue and decide whether the statements are true (T) or false (F).

(1) 昨天男的没来。 ( )

(2) 男的有事，所以没来。 ( )

(3) 男的给女的打电话，告诉女的他不能来了。 ( )

(4) 男的没来，所以女的很快就走了。 ( )

(5) 女的有点儿不高兴。 ( )

4. Listen and fill in the blanks.

(1) 我们要________用水。

(2) 现在已经是 21 ________了。

(3) 以前，我家的生活很________。

(4) 我________不会向你借钱。

(5) 我要好好________这个星期天。

5. Listen and write in *pinyin*.

(1) ____________________

(2) ____________________

(3) ____________________

(4) ____________________

(5) ____________________

6. Listen and write the characters.

(1) ____________________

(2) ____________________

(3) ____________________

(4) ____________________

(5) ____________________

7. Role-play.

Listen to and imitate the dialogue together with your partner. Try to get the meaning of the dialogue with the help of your friends, teachers, or dictionaries.

8. Culture experience.

你想贷款买一辆汽车或一所房子，问问你的朋友或银行工作人员，贷款需要哪些材料和手续。

9. **Read the following material and make up a dialogue with your partner enquiring about the following apartment you want to purchase and about the formalities you need to go through to get the loan from the bank.**

***区：**	高新区	
***名称：**	二十一世纪花园景园	
物业类型：	公寓	
房屋结构：	两室两厅　两卫	
基础设施：	水　电　天然气　有线电视　宽带网络	
建设面积：	80 平方米	
楼　层：	4	
卖房价格：	4500 元/平方米	
登记日期：	2003-6-25 9：41：07	有效天数:30 天
***联系人（房产公司）：**	文小姐　向先生	
***联系方式：**	E-mail:huayuanjingyuan@ bj. com	
	联系电话:2232220　2246220　6693622	
	OICQ：	
备　注：（不超过 200 字）		

Reading and Writing Exercises

1. **Write the characters in the blank spaces, paying attention to the character components.**

tǐng	扌 + 壬 + 廴	挺							
yuē	纟 + 勺	约							

bèi	非 + 车	辈							
bèi	亻 + 音	倍							
mìng	人 + 一 + 口 + 卩	命							
jīn	人 + 干 + ⺀ + 一	金							
jiān	又 + 艮	艰							
pǔ	木 + 卜	朴							
sù	龶 + 糸	素							
qín	廿 + 中 + 二 + 力	勤							
jiǎn	亻 + 佥	俭							
chǎn	立 + 丿	产							
xù	艹 + 玄 + 田	蓄							
dài	代 + 贝	贷							
fēng	疒 + 风	疯							
zhài	亻 + 责	债							
jué	纟 + 色	绝							
kùn	口 + 木	困							
wěn	禾 + 急	稳							

fù	亻 + 寸	付							
àn	扌 + 安	按							
chù	夂 + 卜	处							
xiǎng	亠 + 口 + 子	享							

2. Give the *pinyin* of the following groups of words and then translate them into English. Try to guess the meanings of the words you haven't learned and then confirm them with the help of your friends, teachers, or dictionaries.

(1) 汽车
火车
电车
卡车
旅游车
面包车
出租车

(2) 丢人
丢脸
丢面子

(3) 梦话
好话
坏话

(4) 好处
坏处

(5) 医生　学生　先生
小学生　中学生　大学生
研究生　自费生　旁听生

(6) 队员	学员	教员
演员	售货员	售票员
营业员	服务员	技术员
研究员	守门员	运动员
(7) 饭馆	茶馆	旅馆
咖啡馆	图书馆	美术馆
博物馆	展览馆	熊猫馆
(8) 食品	物品	产品
商品	药品	用品
(9) 学院	医院	戏院
医学院	商学院	文学院
科学院	电影院	京剧院

3. Match each of the following characters in the first line with that in the second to make a word according to the *pinyin* provided. Draw a line to connect the two.

tǐnghǎo　jiéyuē　shìjì　wěndìng　shēngmìng　jiānkǔ
pǔsù　qínjiǎn　chǎnpǐn　jīngjì　kùnnan　shíxiàn

节　挺　世　稳　艰　生　勤　朴　困　产　实　经

好　定　约　苦　纪　俭　素　命　现　品　济　难

4. Fill in the blanks with the correct characters.

(1) 要节________用水。

要按时吃________。

(药　约　的)

(2) 他很会享________生活。

她很热________自己的工作。

（爱　受　变）

（3）她每月用的钱是我的两________。

你________孩子们去玩儿吧。

（陪　部　倍）

（4）我们不能把________苦朴素丢了。

大家都不怕困________。

（观　艰　难）

（5）我________不了你的事。

他是外交________。

（官　营　管）

5. Organize the characters in parentheses into Chinese sentences according to the *pinyin* given.

（1）Wǒ xiǎng qù nǎr jiù qù nǎr.

（去哪儿我去哪儿想就）

____

（2）Nǐ shénme shíhou zhènggòule qián shénme shíhou zài mǎi qìchē.

（你挣够了什么时候钱再买汽车什么时候）

____

（3）Nín yǐwéi shéi xiǎng jiè yínháng de qián shéi jiù néng jiè?

（借银行您以为谁想的钱就能借谁）

____

（4）Nǐ ài zěnme zuò jiù zěnme zuò.

（怎么做你就爱怎么做）

____

(5) Tā yìdiǎnr "xìnyòng" dōu méiyǒu.
(都没有他"信用"一点儿)

____

(6) Jiùshì èrshí yī shìjì shēnghuó yě děi jiānkǔ pǔsù.
(艰苦朴素就是21世纪也得生活)

____

6. Fill in the blanks with the correct characters according to the *pinyin*.

王小云想开始工作以后就买车,因为有了车很方便,而且能节 yuē ________时间。可是小云的妈妈认为,21世纪也要 jiān ________苦朴 sù ________。骑自行车上班比较好,还能锻炼身体。小云不要妈妈 guǎn ________她的事,她想向银行 dài ________款。小云妈妈一 bèi ________子都没有借过 zhài ________,不同意小云这样做。小云解释说,她有 wěn ________定的工作,是有 xìn ________用的人。先借钱买车,然后慢慢还钱,这是一种新观 niàn ________。小云说她妈妈跟不上时 dài ________了。

7. Character riddle.

嘴里有块玉。

(The key is a character.)

一有就来

(The key is a character.)

(Key to exercise 8 in Lesson 34: 李查, 架茶染, 村朴机杯松树桥相检楼棋棵样棒, 林)

8. Fill in the blanks.

(1) 5万是5千的________倍。
(2) 30的八倍是________。
(3) 300的________是30。
(4) 200的百分之五是________。
(5) 40的________是10。

9. **Fill in the blanks with the proper verbs.**

(1) 在21世纪也得勤俭(　　)日子。

(2) 我的事不要你(　　)。

(3) 时代不同了,我们的观念也得(　　)一(　　)了。

(4) 你们公司(　　)什么产品?

(5) 你太浪费了,应该(　　)一点儿。

10. **Choose the correct answers.**

(1) ________ 10点了,他怎么还没来?

A. 才　　B. 就　　C. 都　　D. 刚

(2) 明天________下雨,我也要去接你。

A. 只要　　B. 就是　　C. 因为　　D. 既然

(3) 你________时候来我们就________时候出发。

A. 怎么　　B. 哪儿　　C. 谁　　D. 什么

(4) 这些人我一个________不认识。

A. 也　　B. 还　　C. 就　　D. 才

(5) 你不能________我丢人。

A. 要　　B. 给　　C. 被　　D. 把

11. **Make sentences by matching the words from part I with those from part II with lines.**

I	II
他说的话我一句	我也知道
等我看完这本书	我们就让谁当班长
就是你不告诉我	就借给你
谁有能力	四分之一
4是16的	也没听清楚

12. **Write sentences with the words given.**

For example: 说　好　他　得　汉语　很 → 他汉语说得很好。

(1) 真　不　在　你　想　知道　什么

(2) 比　快　开车　一　骑车　倍

(3) 有　是　钱　的　这　习惯　人

(4) 也　你　信用　没有　一点儿

(5) 怎么　你　就　怎么　爱　玩　玩

13．Make sentences with the words given.

(1) 等……就……

(2) 一……也/都……不/没

(3) 比……贵一倍

(4) 就是……也……

(5) 跟不上

14．Change the following sentences into the statements with the structure "一……也/都……没/不".

For example：他没有钱。　→　他一分钱也没有。

(1) 你的话我都听不懂。

(2) 这些书她都没看过。

(3) 图书馆里没有人。

(4) 他所有考试都没考好。

(5) 他什么都不想吃。

15．Translate the following sentences into English.

(1) 房间外面可冷了。

我知道那个地方，可我不想去。

(2) 你在前面走,我跟着你。

这件衣服跟那件一样漂亮。

(3) 请等我一会儿。

等我回国以后,我就给你写信。

(4) 都四月了,怎么还下雪?

我们都来了。

16. Decide whether the following statements are grammatically correct (T) or wrong (F).

(1) 哪儿漂亮,就我们去哪儿。 (F)

(2) 10的三分之十是三。 (F)

(3) 这件衣服比那件衣服贵一倍。 (T)

(4) 等挣够了钱我就买车。 (T)

(5) 明天就是忙,你都要来。 (F)

17. Decide whether the following statements are true (T) or false (F) according to the text in "Reading Comprehension and Paraphrasing" of this lesson.

(1) 这些高薪穷人族挣得少花得多。 (　　)

(2) 这些人大部分没有结婚,和父母住在一起。 (　　)

(3) 他们把大部分钱交给父母。 (　　)

(4) 他们的钱都花在个人消费上。 (　　)

(5) 他们自己很会享受生活,认为这是一种新的消费观念。 (　　)

18. Answer the following questions.

(1) 你们国家的人常常向银行贷款吗?

(2) 你贷过款吗?

(3) 你同意"花明天的钱,实现今天的梦"这种观念吗? 为什么?

(4) 你觉得有什么好办法来解决"代沟"问题吗?

19. Read the passages and do the following exercises.

(1) Translate the following words according to the passage.

中国的汽车工业

20 世纪 50 年代,中国才开始建立自己的汽车工业。

1956 年 7 月 13 日,中国长春市第一汽车制造厂制造出第一辆解放牌汽车,中国结束(jiéshù)了自己不能制造汽车的历史,实现了中国人自己生产汽车的梦想。

1992 年,全国汽车年产量第一次超过 100 万辆。1998 年生产 162.8 万辆,在世界上排名第 10 位。中国汽车工业产品销售收入 2504.7 亿元。

1998 年,全国私人汽车有 423.7 万辆(其中客车、轿车 230.7 万辆),占当年全国民用汽车保有量 1319 万辆的 32.1%。全国千人汽车保有量,从 1991 年的 5.2 辆增长到 1998 年的 10.7 辆。

中国汽车工业经过 50 年的发展,特别是改革开放 20 年来的发展,取得了很大的进步。1994 年以后,中国的汽车工业每年以 3~7% 的速度持续增长。

a. 结束
b. 超过
c. 排名
d. 销售
e. 持续
f. 增长

(2) Fill in the blanks after reading the passage.

中国人有勤俭过日子的习惯,花钱注意"细水长流",很注意把钱存起来,留着以后有急事时用。有位女记者做了一次调查,她发现,这种传统的消费观念在女性中仍然占主导地位。有65.23%的女性认为，过日子就应该“艰苦朴素，精打细算”；有19.45%的女性认为自己属于“没有计划，随便花”的消费类型；还有11.19%的女性表示自己的消费方式是“挣多少花多少”；只有4.13%的女性愿意接受贷款消费的方式。

a. 65.23%的女性的消费观念是________________

b. 只有4.13%的女性愿意接受________________

(3) Answer the questions according to the passage.

马大姐开车

马大姐走到哪儿就会把笑声带到哪儿。别的不说，就说马大姐学开车这件事儿吧，您可能想不到，她十年前就拿到了汽车驾驶证(jiàshǐzhèng)，也算是“老司机”了，可是她只开过两次汽车。第一次是拿到驾驶证的当天晚上。那天，下着小雨，她把车开到天安门广场(Tiān'ānmén Guǎngchǎng)。她一看见红灯就着急了，找不着停车线了。她的车正在走走停停的时候，警察发现了她，大声地叫喊：“靠边停车！”马大姐马上把车开到路边停住，然后下车跑到警察身边，很恭敬(gōngjìng)地对警察说：“对不起！您要罚多少？”警察问她：“红灯都亮了，你还往前开！你要去哪儿？”“我不要去哪儿，您看看我驾驶证上的日子，您就会……”马大姐觉得自己是第一天开车，犯点儿小错，警察应该原谅(yuánliàng)她。可是警察看都没看她，就说：“十块钱！”马大姐把驾驶证和钱递过去，警察拿过驾驶证一看：“是您啊，马大姐。”然后给她一张罚款单，说：“您去银行交钱，下次请注意！”

第二次开车出去，刚到十字路口，车就熄火(xīhuǒ)了，怎么也发动(fādòng)不起来。警察走过来问：“您在这儿干吗呢？”“没干什么，我看见警察有点儿紧张(jǐnzhāng)！”“又没犯错误！您紧张什么？用不用帮您推一推？”马大姐说：“不麻烦您了！”

十多年来，马大姐就开了这么两次车，而且两次都很不顺利。后来她再也没有开过车。

a. 马大姐第一次开车被罚款，是因为什么？

b. 马大姐第二次开车被罚款了吗？

(4) Answer the following questions after reading the passage.

中国的贷款热

中国人自古就有勤俭节约的传统，靠自己的努力，一点点地积累(jīlěi)家庭的财富(cáifù)。中国人的传统消费观是“能花多少钱，才花多少钱”，不是“想花多少钱，就花多少钱”。“借贷”一词在中国人看来，有一种不好的意思。人们认为只有追求享受、不会过日子的人才去借贷消费。可是现在，在中国已经刮起了一股借贷消费的风。在北京、上海、广州等大城市，哪儿都能看到贷款买车、贷款买房的广告和信息。这几年，中国的市场经济在发展，特别是加入 WTO 以后，很多中国人的消费观念也变了，他们越来越注重生活的品质(pǐnzhì)，越来越注重消费水平。对绝大多数人来说，如果靠自己工资收入来消费，他们不可能很快地过上好日子。所以，人们对贷款消费也就开始感兴趣了。现在，“贷款”已成为一个很流行的词了。它代表着一些中国人的新的消费观。

a. 过去，中国人的消费观是怎样的？

b. “借贷”一词在中国人的传统观念中有什么意思？

c. 现在，在中国，“贷款”为什么成为一个流行的词？

20. Use at least 8 words and phrases from the following list to describe the new concept of loaning.

节约　贷款　借债　银行　按时还钱　信用　稳定　商品经济　时代
观念　变　享受　一……也/都……没/不

第三十六课
Lesson 36

北京热起来了

Listening and Speaking Exercises

1. Pronunciation drills.

Read the following words or phrases aloud, paying special attention to the pronunciation of "e, u, ang, eng, ing".

e——北京热起来了　从热带到寒带　可是我觉得这儿只有夏天　气候的特点

u——气候很复杂　差不多　羽绒服　舒服极了　不知道　艰苦朴素　首都北京

ang——夏天很长　贷款买房　常常刮大风　南方的花开了　欣赏美景　举头望明月

eng——天气很冷　没见过的朋友　内蒙草原　僧敲月下门　别做梦了　刮风下雪

ing——应该这样说　雪还没停　名人　床前明月光　并且　平安　宁静的教室

2. Listen to each question and circle the correct answer according to the texts.

(1) A. 三月　B. 四月　C. 五月　D. 六月

(2) A. 春季　B. 夏季　C. 秋季　D. 冬季

(3) A. 北京　B. 江南　C. 内蒙草原　D. 海南岛

(4) A. 诗人　B. 老师　C. 书法家　D. 科学家

(5) A. 一千岁　B. 一千一百岁
C. 一千二百多岁　D. 一千三百多岁

3. Listen to the following dialogue and answer the questions.

(1) 车上一共有几个人?

(2) 谁在开车?

(3) 背包放在哪儿了？背包重不重？

(4) 岁数大的男人背得动背包吗？

(5) 他让谁背背包？那个人背得动吗？

4. Listen and fill in the blanks.

(1) 北京一年有四个________。

(2) 这个问题不太________。

(3) 我不喜欢穿________。

(4) 我决定时间，你________地点。

(5) 他是个________。

5. Listen and write in *pinyin*.

(1) ________________________________

(2) ________________________________

(3) ________________________________

(4) ________________________________

(5) ________________________________

6. Listen and write the characters.

(1) ________________________________

(2) ________________________________

(3) ________________________________

(4) ________________________________

(5) ________________________________

7. Role-play.

Listen to and imitate the dialogue together with your partner. Try to get the meaning of the dialogue with the help of your friends, teachers, or dictionaries.

8. Culture experience.

你打算去中国旅游，向你的中国朋友或当地的旅行社了解一下，这个季节去中国的什么地方旅游最好。

Reading and Writing Exercises

1. Write the characters in the blank spaces, paying attention to the character components.

jì	禾 + 子	季						
zá	九 + 朩	杂						
hán	宀 + 井 + 一 + 仌	寒						
nuǎn	日 + 爫 + 一 + 友	暖						
yǔ	习 + 习	羽						
róng	纟 + 戎	绒						
gè	夂 + 口	各						
qún	衤 + 君	裙						
chú	阝 + 余	除						
xiàn	纟 + 戋	线						
cǎo	艹 + 早	草						
xuǎn	先 + 辶	选						
zé	扌 + 又 + 丰	择						
méng	艹 + 冖 + 一 + 豕	蒙						
wěi	亻 + 韦	伟						

yí	匕 + 矢 + マ + 疋	疑						
shuāng	雨 + 相	霜						
shú	享 + 丸 + 灬	熟						
yè	一 + 贝	页						
dǐ	扌 + 氐	抵						
zhēn	王 + 人 + 彡	珍						
fēng	土 + 土 + 寸	封						
dù	木 + 土	杜						
fǔ	一 + 用 + 丨 + 丶	甫						
shā	艹 + 沙	莎						
yà	一 + 业	亚						

2. Give the *pinyin* of the following groups of words and then translate them into English. Try to guess the meanings of the words you haven't learned and then confirm them with the help of your friends, teachers, or dictionaries.

(1) 热带
寒带
温带
亚热带

(2) 羽绒服
工作服
衣服
西服

　　洋服
(3) 裙子
　　裤子
　　袜子
　　鞋子
　　帽子
(4) 古代
　　近代
　　现代
　　当代

3. Make up words formed by abbreviations after the models.

For example: a. 北京大学——北大
b. 老人和小孩——老小
c. 男生和女生——男女生

(1) 人民大学——
(2) 农业大学——
(3) 医科大学——
(4) 老师和学生——
(5) 职员和工人——
(6) 工业和农业——
(7) 工业和商业——
(8) 中国和美国——
(9) 中国和法国——
(10) 文化和教育——
(11) 科学和技术——

4. Match each of the following characters in the first line with that in the second to make a word according to the *pinyin* provided. Draw a line to connect the two.

jìjié	fùzá	hándài	nuǎnqì	lùxiàn	xuǎnzé
wěidà	shúliàn	zhēnguì	qúnzi	cǎoyuán	yíwèn

季　寒　复　暖　选　路　熟　伟　疑　珍　裙　草

气　杂　节　带　练　择　线　问　子　原　大　贵

5. Fill in the blanks with the correct characters.

(1) 你记得很________。
　　今天天气很________。
　　(然　热　熟)

(2) 北京有四个________节。
　　她是________小姐。
　　(季　李　学)

(3) 我们走的路________对吗?
　　苹果多少________一斤?
　　(钱　绒　线)

(4) 他向银行________款。
　　她去银行交________款。
　　(贵　贷　货)

(5) 中国海南岛是热________气候。
　　农业也要现________化。
　　(带　常　代)

6. Organize the characters in parentheses into Chinese sentences according to the *pinyin* given.

(1) Nǐ péngyou qiūtiān lái de liǎo ma?
　　(你秋天朋友得来了吗)

　　______________________________

(2) Tā jiùshì qiūtiān lái bu liǎo, yě méiguānxi.
　　(就秋天是他不来了,也没关系)

　　____________________, ________________

(3) Nǐ kàn wǒ chuān de nàme duō, lián lù dōu zǒu bu dòng le.
(你我看得穿那么多,连都路走不动了)

______________________________,________________________

(4) Běijīng yí dào wǔyuè,tiānqì jiù rè qǐlai le.
(一到北京 5 月,就天气起热来了)

____

(5) Chúle qiūtiān yǐwài, bié de jìjié yě kěyǐ lái Zhōngguó lǚyóu.
(除了秋天以外,可以季节别的也来中国旅游)

______________________________,________________________

7. Fill in the blanks with the correct characters according to the *pinyin*.

马大为的朋友要来中国旅游,所以他问小燕子中国的气 hòu ________情况。小燕子告诉他,从热 dài ________到 hán ________带,gè ________种气候中国差不多都有。北京有四个 jì ________节,春天很短,冬天很长,从 11 月到第二年的 4 月,天气都很冷。可是一到 5 月,天气就热起来了。小燕子还告诉马大为, zuìhǎo ________秋天来北京旅行。chú ________了秋天以外,别的季节也可以来中国旅游,不同的季节可以去不同的地方。小燕子还给了马大为一些各地的旅游介 shào ________。马大为很高兴。

8. Character riddle.

二人顶破天。

(The key is a character.)

千个头,八个尾,生一子,实在美。

(The key is a character.)

(Key to the riddle in Lesson 35:国、米)

9. Fill in the blanks with the proper verbs.

(1) 今天天很热,得(　　)裙子。
(2) 这么多书,我不知道(　　)哪一本。
(3) 你能(　　)得出昨天学的中国古诗吗?

(4) 你今天下午来得(　　)吗?

10. Choose the correct answers.

(1) ___B___国都有自己的习惯。

A. 每　　B. 各　　C. 其他　　D. 别的

(2) 这本书很厚,我一天看不___A___。

A. 了　　B. 动　　C. 下　　D. 起

(3) 王老师今天下午有别的事,来不___D___。

A. 动　　B. 下去　　C. 起　　D. 了

(4) 他一紧张___C___说不出话来。

A. 又　　B. 还　　C. 就　　D. 才

(5) 听了他的话,大家都笑___D___了。

A. 下去　　B. 上来　　C. 下来　　D. 起来

11. Make sentences by matching the words from part I with those from part II with lines.

I	II
除了口语课以外,	都是汉语难学的原因
他不能喝酒,一喝	是“信”的意思
像声调、汉字等,	我们还有听力课
这些古诗	就脸红
“家书抵万金”的“书”	我们现在恐怕还读不了

12. Write sentences with the words given.

For example: 说　好　他　得　汉语　很 → 他汉语说得很好。

(1) 个　很　吧　问题　这　复杂

(2) 种　我　电影　各　看　都　差不多　喜欢

(3) 秋天　北京　来　你　最好

(4) 坐　多　电影院　吗　这么　得　下　人

(5) 东西　动　不　这些　拿　我

13. Make sentences with the words given.

(1) 除了……以外

(2) 吃得了

(3) 放不下

(4) 多起来

(5) 一……就……

14. Change the following sentences into the statements with the structure "一…就…".

For example: 他到以后我们马上开会。→ 他一到,我们就开会。

(1) 老师进教室以后马上上课。

(2) 我回家后马上给你打电话。

(3) 学校放假以后,我们马上去旅行。

(4) 他到北京以后马上来找你。

(5) 北京到十月以后天开始冷起来了。

15. Change the following sentences into the statements with the structure "除了…以外,还/都/也".

For example: 我们都知道这件事,只有他不知道。→除了他以外,我们都知道这件事。

(1) 墙上挂着照片和一张地图。

(2) 这个学校有中国学生和外国学生。

(3) 我们都去过北京,只有他没去过。

(4) 他会说英语、汉语和日语。

(5) 张老师没来,别的老师都来了。

16. Translate the following sentences into English.

(1) 他是我最好的朋友。

明天你最好早点来。

(2) 他长得很像他爸爸。

我们每天上很多课,像听力课、口语课、写作课。

(3) 我要给妈妈回一封信。

我们下回再来吧。

17. Decide whether the following statements are grammatically correct (T) or wrong (F).

(1) 各菜都尝一尝。 ( )

(2) 除了小王以外,别的同学也来了。 ( )

(3) 我病了,上不了课。 ( )

(4) 天太热,我不能睡觉。 ( )

(5) 我们唱歌起来。 ( )

18. Decide whether the following statements are true (T) or false (F) according to the text in "Reading Comprehension and Paraphrasing" of this lesson.

(1) 贾岛是唐代的诗人。 ( )

(2) 贾岛的毛驴撞了韩愈的轿子。 ( )

(3) 韩愈是大官,但不是诗人。 ( )

(4) 韩愈认为"推门"比"敲门"好。 ( )

(5) 这个故事告诉我们"推敲"这个词是怎么来的。 ( )

19. Answer the following questions.

(1) 你去中国旅行过吗?

(2) 你知道中国的哪些名胜古迹?

(3) 一年有四个季节,你喜欢哪一个季节? 为什么?

(4) 你知道中国哪些有名的诗人? 你喜欢诗吗?

20. Read the passages and do the following exercises.

(1) Translate the following words according to the passage.

中国的旅游业

中国面积很大,历史悠久(yōujiǔ),自然条件复杂多样。因此,中国有很多自然景观和名胜古迹,比如黄山、张家界、北京故宫、西安兵马俑、万里长城等,都是世界级的旅游资源。这些年来,中国经济有了很大的发展,旅游服务设施(shèshī)也得到了很大的改善(gǎishàn),越来越多的外国人喜欢来中国旅游。据(jù)世界旅游组织统计,2001 年中国一共接待了 8700 多万游客,中国已经成了世界旅游大国。

旅游活动在中国古代就有,中国历史上出现了不少有名的旅行家,像徐霞客、郑和等。明代航海家郑和,从 1405 年起,先后七次带领船队出国访问,最远到达非洲东海岸。他们给后人留下了大量的地理著作。但一直到二十世纪八十年代,中国的旅游业才成为一门新的产业。现在,每年不但有很多外国游客来中国旅游,而且在国内或者到世界各地旅游的中国人也越来越多了。

Supplementary Words:

徐霞客(1586—1641)
郑和(1371—1435)

a. 悠久
b. 资源
c. 设施
d. 改善

e. 接待
f. 著作
g. 产业

(2) Try to read and recite the following poem of Du Fu.

绝　句	Jué Jù
两个黄鹂鸣翠柳，	Liǎng ge huánglí míng cuì liǔ,
一行白鹭上青天。	Yì háng báilù shàng qīng tiān.
窗含西岭千秋雪，	Chuāng hán Xīlǐng qiān qiū xuě,
门泊东吴万里船。	Mén bō Dōngwú wàn lǐ chuán.

(3) Answer the following questions after reading the passage.

海南岛

海南岛是中国第二大岛，也是中国最小的省，陆地面积3万4千平方公里。她有热带、亚热带的气候，四季如春，空气质量很好，年平均气温是22到25度。海南人大多数是汉族，也有其他民族，像回族、苗族。这里是中国著名的旅游胜地，有蓝天、有阳光、有大海、有沙滩(shātān)，是“回到大自然的好地方”，是“没有污染的岛”。每年的冬季，都有很多国内和国外的游客来到海南旅游和休息。

a. 海南是中国第几大岛？

b. 海南的陆地面积是多少？

c. 海南岛是中国比较大的省吗？

d. 海南岛的气候怎么样？

e. 除了汉族，海南还有什么民族？

21. Use at least 8 words and phrases from the following list to describe the climate of a city or country you know.

热带　寒带　气候　气温　天气　季节　一……就……　热起来
冷起来　下雪　下雨　刮风　最好　旅游　凉快　各　喜欢　锻炼

22. Write a short article to describe one of the customs in your country.

第三十七课
Lesson 37

谁来埋单

Listening and Speaking Exercises

1. Pronunciation drills.

Read the following words or phrases aloud, paying special attention to the pronunciation of "ou, uo, iang, ao, an, uan".

ou ——下周的聚会　我们一起走吧　有人说　肉丝炒竹笋
　　都是你的错

uo ——中国朋友　你吃得太多了　请坐好　说笑话　吃火锅

iang ——我想请大家吃饭　抢着埋单　讲一个故事　涮羊肉
　　两位新疆姑娘

ao ——好朋友　这个菜味道好极了　少说几句话　请稍等　烤全羊

an ——米饭　西餐厅　埋单　我们班　半个小时　一盘炒竹笋
　　慢慢地还债

uan ——饭馆　去图书馆　吃完晚饭　玩儿得高兴　向银行贷款

2. Listen to each question and circle the correct answer according to the texts.

(1) A. 力波　B. 小云　C. 宋华　D. 林娜

(2) A. 力波　B. 小云　C. 宋华　D. 林娜

(3) A. 上海　B. 西安　C. 北京　D. 内蒙

(4) A. 14　B. 15　C. 16　D. 17

(5) A. 马大为　B. 陈老师　C. 宋华　D. 丁力波

3. Listen to the following dialogue and decide whether the statements are true (T) or false (F).

(1) 男的和女的在吃饭。　(　　)

(2) 今天是女的埋单。　(　　)

(3) 男的想吃四川菜。 (   )

(4) 女的不喜欢四川菜。 (   )

(5) 女的觉得今天的菜味道不好，所以只吃了一点儿。 (   )

4. Listen and fill in the blanks.

(1) 今天吃饭张老师________。

(2) 这件事________学校决定。

(3) 我给大家讲一个________。

(4) 你吃饱了吗？再________一点米饭吧。

(5) 中国人很________老师。

5. Listen and write in *pinyin*.

(1) ____

(2) ____

(3) ____

(4) ____

(5) ____

6. Listen and write the characters.

(1) ____

(2) ____

(3) ____

(4) ____

(5) ____

7. Role-play.

Listen to and imitate the dialogue together with your partner. Try to get the meaning of the dialogue with the help of your friends, teachers, or dictionaries.

8. Culture experience.

(1) 你想去中国餐厅吃饭。问问你的中国朋友中国菜的名字。然后约你的朋友一起去。

(2) 去一家中国餐馆点几个地道的中国菜，谈谈你吃过后的感觉。然后跟餐馆里做菜的师傅聊一聊，多了解一些关于中国的饮食文化，并介绍给你的朋友。

9. Read the following menu and make up a dialogue with your partner, imagining you are ordering dishes or paying the bill at a restaurant.

上海冷盆及汤羹	人民币(元)
咸蛋黄蒸酿鱿鱼	58
港式酱烧琵琶鸭	58
蜜汁碳烧猪颈肉	68
白酒片香猪蹄肉	38
瑶柱鱼肚猴菇汤	58
家禽及肉类	
巧手北京片皮鸭	180/220
罗汉上素局乳鸽	68
陈皮蒸鲜牛肉饼	58
咸鱼蒸五花腩片	58
金腿花菇玉树鸡	88

配菜	人民币(元)
竹笙鼎湖上素斋	78
四季时令鲜蔬菜	38
虾酱驿站豆腐煲	58
鸡虾粒福建烧饭	70
雪菜火鸭丝米粉	58
厨师精选	
特色木瓜炖鱼翅	395
翡翠三头鲜鲍鱼	288

Reading and Writing Exercises

1. Write the characters in the blank spaces, paying attention to the character components.

mái	土 + 里	埋						
qiǎng	扌 + 仓	抢						
zhàng	贝 + 长	账						
zhì	牛 + 冂 + 刂	制						
gǎn	木 + 敢	橄						

lǎn	木 + 览	榄							
tái	扌 + 台	抬							
gē	哥 + 欠	歌							
jìng	苟 + 攵	敬							
jiāng	弓 + 土 + 一 + 田 + 一 + 田 + 一	疆							

2. **Give the *pinyin* of the following groups of words and then translate them into English. Try to guess the meanings of the words you haven't learned and then confirm them with the help of your friends, teachers, or dictionaries.**

(1) 餐厅
客厅
门厅
舞厅

(2) 账单
菜单
节目单

(3) 球场
菜场
操场
运动场

(4) 橄榄球
篮球
足球
排球
乒乓球
羽毛球
网球

(5) 敬酒

敬茶
敬烟

(6) 照相机	办公室
借书证	通知单
服务员	出租车
展览馆	图书馆
美术馆	博物馆
园艺师	科学家
植物园	中秋节
外交官	橄榄球
太极剑	电影院
兵马俑	羽绒服
建国门	音乐会
汉语课	火车站
外国人	葡萄酒
君子兰	明信片
人民币	高科技
小意思	小学生
小汽车	小时候
副作用	亚热带
北温带	内蒙古
商品经济	中华民族
汉语词典	公共汽车
古典音乐	现代京剧

3. Match each of the following characters in the first line with that in the second to make a word according to the *pinyin* provided. Draw a line to connect the two.

wǎnfàn	cāntīng	fùzhàng	qǐngkè	xiàohua	gǎnlǎn
qiǎngqiú	táijǔ	míngē	zūnjìng	Měngzú	Xīnjiāng

餐 晚 笑 请 付 橄 抬 抢 民 尊 新 蒙

账 厅 饭 话 客 举 榄 球 敬 族 歌 疆

4. Fill in the blanks with the correct characters.

(1) 明天上午________口语。
今天晚上吃________牛肉。
(靠 烤 考)

(2) 我给你们讲个笑________。
她们在一起生________。
(活 括 话)

(3) 那是蒙族________娘。
内蒙是她们的________乡。
(故 沽 姑)

(4) 他们班________陈老师一起去新疆旅游。
她去________行还贷款。
(很 跟 银)

5. Organize the characters in parentheses into Chinese sentences according to the *pinyin* given.

(1) Sì wèi gūniang yòu jiēzhe chàng xiàqu.
(姑娘四位又唱下去接着)

____

(2) Tóngxuémen qù nǎ jiā dōu xíng.
(去哪家同学们行都)

____

(3) Jīntiān shéi máidān dōu xíng.
(埋单今天都行谁)

____

(4) Wǒ shénme dōu xiǎng chī.
(都我想什么吃)

____

(5) Duìmiàn de nà jǐ wèi qiǎng de bǐ wǒmen hái rènao ne.
(那几位对面的还热闹抢得比我们呢)

____

(6) Yóu wǒmen zhè sì wèi gūniang xiàng nǐmen jìngjiǔ.
(向你们由姑娘敬酒我们这四位)

____

6. Fill in the blanks with the correct characters according to the *pinyin*.

上星期六，我们班的同学和陈老师一起去内 měng ________ 草原旅游。我们一共去了 16 个人。在草原，我们按蒙族的习惯吃了 kǎo ________ 全羊。我们一坐好，就有两位蒙族姑娘 tái ________ 出烤全羊来，另外两位蒙族姑娘唱着蒙族民歌。陈老师的岁数最大，所以四位姑娘 shǒu ________ 先向陈老师 jìng ________ 酒，rán ________ 后请陈老师吃第一块羊肉。jiē ________ 着，四位姑娘给我们每一个人敬酒，敬羊肉。我们也唱起来，越唱越高兴。那个晚上我们都过得很 yú ________ 快。

7. Character riddle.

再会

(The key is a character.)

(Key to the riddle in Lesson 36：夫、季)

8. Fill in the blanks with the proper verbs.

(1) 我(　　)我的同学一起旅行。
(2) 上课的时候同学们(　　)着回答老师的问题。
(3) 他不(　　)你的意思。
(4) 让我们(　　)起酒杯一起干杯。
(5) 给你(　　)麻烦了，真对不起。

9. **Choose the correct answers.**

(1) 火车票________力波去买。

A. 按　　B. 把　　C. 由　　D. 才

(2) 你说得很好，请说________。

A. 起来　　B. 下去　　C. 出来　　D. 上来

(3) 他刚开始学习汉语，________也不懂。

A. 谁　　B. 哪儿　　C. 怎么样　　D. 什么

(4) 我每天晚上 11 点睡觉，他睡得________我还晚。

A. 比　　B. 又　　C. 连　　D. 再

(5) 他越着急________说不出话。

A. 就　　B. 还　　C. 越　　D. 才

10. **Make sentences by matching the words from part I with those from part II with lines.**

I	II
谁当我们的班长	唱得比我好听
他介绍完了	都一样
你比我	越说越流利
他的汉语	你接着介绍
我姐姐唱歌	个子高

11. **Write sentences with the words given.**

For example: 说　好　他　得　汉语　很 → 他汉语说得很好。

(1) 下　买　我们　再　吧　回

(2) 也　怎么　明白　不　我

(3) 尊敬　的　最　是　受　人　张老师

(4) 跳舞　他　我　比　跳　差　得

(5) 个　快　越　那　说　人　越

12. **Make sentences with the words given.**

(1) 比……唱得好

(2) 比……说得流利

(3) 比……懂得多

(4) 比……天气热

(5) 比……学习努力

13. Make sentences with the words given, using the stucture“越…越…”.

For example：雨　　下　　大　→　雨越下越大了。

(1) 我们　玩儿　高兴

(2) 他　走　快

(3) 老爷爷　活　年轻

(4) 杰克　汉语　学　好

(5) 人　多　有意思

14. Decide whether the following statements are grammatically correct (T) or wrong (F).

(1) 把账单给我，由我埋单。　(T)

(2) 吃完饭，大家抢付钱。　(F)

(3) 南方比北方空气好。　(T)

(4) 中国音乐很好听，我们越听越来越喜欢。　(F)

(5) 我们什么都不怕。　(　)

15. Decide whether the following statements are true (T) or false (F) according to the text in“Reading Comprehension and Paraphrasing”of this lesson.

(1) 巧云在上海的一个中国人家里当阿姨。　(　)

(2) 巧云一点儿英语也不会说。　(　)

(3) 主人不知道竹笋是什么，所以问巧云。　(　)

(4) 竹笋太多不能长出好竹子。　(　)

(5) 最后巧云很清楚地回答了主人的问题，主人很满意。　(　)

16. Answer the following questions.

(1) 你吃过中国菜吗？你喜欢中国菜吗？介绍一个你最喜欢的中国菜。

(2) 你知道中国人和朋友一起吃饭时有些什么习惯？中国人的这些习惯和你们国家的习惯一样吗？说说一样的地方和不一样的地方。

(3) 你会做菜吗？说说你做得最好的菜是什么。

(4) 你觉得中国菜和你们国家的菜有什么不一样？

17. Read the passages and do the following exercises.

(1) Translate the following words according to the passage.

怎样做宫爆鸡丁？

宫爆鸡丁是比较受欢迎的中国菜之一。怎样做宫爆鸡丁？

A. 准备原料(yuánliào)：

a. 主料：鸡肉 300 克。

b. 配料：香花生仁 100 克。

c. 调料：葱白丁、姜片、蒜片、植物油、汤、干辣椒、花椒、酱油、白糖、料酒、醋、水淀粉。

B. 做法：

a. 把鸡肉洗干净，切成 2 厘米大小的鸡丁，放在碗里加酱油、料酒、水淀粉。另外用一个碗，把酱油、白糖、料酒、醋和水淀粉用汤做成汁。

b. 把炒锅放在大火上，放油，烧到五六成热，然后把干辣椒和花椒炒一下，把鸡丁放到锅里炒散，加上葱、姜、蒜跟鸡丁炒匀，再把调好的汁倒进去，最后加花生仁，翻炒几下赶快起锅。这样，宫爆鸡丁就做好了。我先尝一尝，"啊！味道好极了。"

a. 宫爆鸡丁
b. 花生仁
   花生
c. 调料
d. 葱
e. 姜
f. 蒜
g. 油
h. 辣椒
i. 花椒
j. 酱油
k. 料酒
l. 醋
m. 炒

(2) Try to read and recite the following poem.

悯 农	Mǐn Nóng
[唐] 李 绅	[Táng] Lǐ Shēn
锄禾日当午，	Chú hé rì dāng wǔ,
汗滴禾下土。	Hàn dī hé xià tǔ.
谁知盘中餐，	Shéi zhī pán zhōng cān,
粒粒皆辛苦。	Lì lì jiē xīn kǔ.

(3) Read the passage and try to retell the story.

东坡肉

宋代大文学家苏东坡，因为得罪(dézuì)了皇帝，就被派到湖北的黄州做了一个小官。到了黄州以后，他心里很不愉快，除了看书、作诗以外，就是自己做菜喝酒。黄州这个地方猪肉(zhūròu)很便宜，他就经常自己炖(dùn)肉吃。为了不影响看书写文章，他不用大火炖，只用小火。

这样就不用坐在旁边，等到闻到肉香味儿再去看一看就行。他用小火炖的猪肉味道很好。他很欣赏自己做的这道菜，就写了一首诗，题目是"食猪肉"：

黄州好猪肉，
价钱如粪土。
富者不肯吃，
贫者不解煮。
慢着火，少着水，火候足时它自美。
每日起来打一碗，饱得自家君莫管。

"食"就是"吃"的意思。这首《食猪肉》诗在老百姓中间流传开了，老百姓按苏东坡的方法炖猪肉，都说很好吃，就把这种炖肉叫做"东坡肉"。现在，很多中国饭馆都有这道名菜。

18. Complete the passage according to the texts of this lesson.

今天是星期六，我们班的同学和陈老师一起去内蒙草原旅行。我们按蒙族的习惯吃了烤全羊……

19. Use at least 8 words and phrases from the following list to describe one dinner or lunch you had with your friends or classmates.

约　餐厅　埋单　请客　AA 制　抢着付钱　账单　烤　干杯　敬酒
首先　然后　接着　越……越……　愉快

20. Write a short article to introduce how to cook your favourite dish.

第三十八课
Lesson 38

你听，他叫我“太太”

Listening and Speaking Exercises

1. Pronunciation drills.

Read the following words or phrases aloud, paying special attention to the pronunciation of “d, t, j, q, f, k”.

d——小燕子的朋友　等一等　不知道　决定　走马灯　对联　唐代大诗人

t——吃喜糖　胡同　真让人头疼　他们几个人　特点　叫岳母太太

j——表姐　杰克　相爱结婚　出嫁　登记　举行婚礼　坐花轿　动脑筋

q——有趣的故事　墙上挂着一幅画　亲戚朋友　别生气　庆祝　旗子

f——幸福快乐　政府　父母　坐飞机来到北京　你疯了吗　一封信

k——请客人吃饭　开口说话　读一段课文　可是　别客气　艰苦朴素

2. Listen to each question and circle the correct answer according to the texts.

(1) A. 小燕子　B. 王小云　C. 林娜　D. 玉兰

(2) A. 去政府登记　B. 请客　C. 旅行　D. 拿结婚证

(3) A. 教堂　B. 新娘的家　C. 新郎的家　D. 公园里

(4) A. 旅行　B. 看望玉兰的父母　C. 学习汉语　D. 工作

(5) A. 红色的一个喜字　B. 白色的一个喜字　C. 红双喜字　D. 白双喜字

3. Listen to the following dialogue and decide whether the statements are true (T) or false (F).

(1) 男的和女的今天下午结婚。　(　　)

(2) 他们两个人都很高兴。　(　　)

(3) 他们上午去政府拿结婚证。　(　　)

(4) 晚上在他们的家请客人吃饭。　(　　)

(5) 女的不要男的喝太多酒。 ( )

4. Listen and fill in the blanks.

(1) 昨天玉兰________给了杰克。

(2) 现在才10点,不________晚。

(3) 他住在我家的旁边,是我的________。

(4) 她不懂我们的________,请不要生气。

(5) 我妻子的爸爸是我的________。

5. Listen and write in *pinyin*.

(1) ____________________

(2) ____________________

(3) ____________________

(4) ____________________

(5) ____________________

6. Listen and write the characters.

(1) ____________________

(2) ____________________

(3) ____________________

(4) ____________________

(5) ____________________

7. Role-play.

Listen to and imitate the dialogue together with your partner. Try to get the meaning of the dialogue with the help of your friends, teachers, or dictionaries.

8. Culture experience.

去参加一场中国人的婚礼,或者向你的中国朋友了解一些中国婚礼的情况。比较一下中国的婚礼和你们国家的婚礼有哪些相同点和不同点,然后和你的同学和朋友一起说说你们的看法。

9. Look at the pictures which show the scenes of a traditional wedding ceremony in China. Describe the pictures and discuss them with your partner.

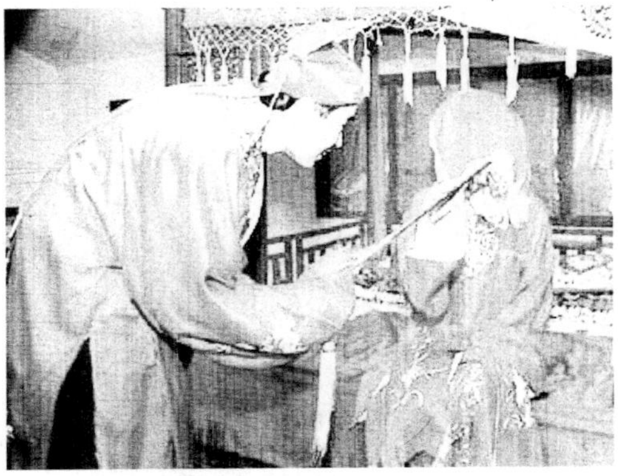

Reading and Writing Exercises

1. Write the characters in the blank spaces, paying attention to the character components.

jià	女 + 家	嫁						
xìng	土 + 丷 + 干	幸						
fú	礻 + 畐	福						
zhèng	正 + 攵	政						
tiē	贝 + 占	贴						
pī	扌 + 比	批						
píng	讠 + 平	评						
jiào	车 + 乔	轿						
yàn	宀 + 日 + 女	宴						
xí	广 + 廿 + 巾	席						
táng	龸 + 口 + 土	堂						
qī	戊 + 上 + 小	戚						

yuè	丘 + 山	岳						
jié	木 + 灬	杰						
kè	十 + 兄	克						
liáng	曰 + 一 + 里	量						
liǎ	亻 + 两	俩						
jīn	⺮ + 月 + 力	筋						
guī	夫 + 见	规						
jǔ	矢 + 巨	矩						
jū	尸 + 古	居						
hú	古 + 月	胡						
yé	父 + 卩	爷						
xī	丷 + 木 + 心	悉						
shuāng	又 + 又	双						

2. **Give the *pinyin* of the following words and phrases and then translate them into English.**

爱好　　很好

还书　　还有

便宜　　方便

得去　　得到

教跳舞　　教练

觉得	睡觉
空气	有空儿
快乐	音乐
旅行	银行
两种	种树
重要	万重山

3. Give the *pinyin* of the following groups of words and then translate them into English. Try to guess the meanings of the words you haven't learned and then confirm them with the help of your friends, teachers, or dictionaries.

(1) 表姐
表弟
表哥
表妹

(2) 客人
客房
客厅
客车
客机
客气

(3) 教堂
礼堂
课堂
食堂
澡堂

(4) 喜糖
白糖
红塘
冰糖
水果糖

4. Match each of the following characters in the first line with that in the second to make a word according to the *pinyin* provided. Draw a line to connect the two.

xìngfú zhèngfǔ pīpíng yànxí qīnqi jiàotáng
shāngliang nǎojīn guījù línjū juédìng chúshī

批 亲 政 幸 宴 厨 教 商 脑 邻 规 决

府 席 评 戚 福 居 筋 矩 定 量 师 堂

5. Fill in the blanks with the correct characters.

(1) 他们在教________举行婚礼。
学生________去图书馆。
(堂 尝 常)

(2) 你们________定去哪儿?
她还你两百________钱。
(块 快 决)

(3) 这间卧室有 12 ________方米。
大家都批________他。
(苹 平 评)

(4) 你们________一起去。
她们________个都不去。
(辆 俩 两)

(5) 他不懂我们的规________。
你________道他们在哪儿结婚吗?
(和 矩 知)

6. Organize the characters in parentheses into Chinese sentences according to the *pinyin* given.

(1) Zhé hái bú suàn shì qǐngkè.
(算是这不还请客)

____

(2) Shuōdào yànxí, wǒmen zhǐ qǐng qīnqi péngyou zài yìqǐ hē jiǔ.
(说到宴席,我们朋友在一起喝酒只请亲戚)

____

(3) Wǒmen yǐjing jiéhūn hǎo jǐ ge yuè le.
(已经我们好几个月结婚了)

____

(4) Tāmen shéi yě bú rènshi shéi.
(谁也他们不认识谁)

____

(5) Nǐmen zhèyàng zuò hǎo de hěn.
(你们做好这样得很)

____

7. Fill in the blanks with the correct characters according to the *pinyin*.

杰克和玉兰旅行结 hūn ________以后,告诉了大为。大为祝他们新婚幸 fú ________。杰克高兴地请大为吃喜 táng ________,大为还要他们按中国人的习 guàn ________请客吃饭。杰克不知道该怎么做。第二天,杰克和玉兰去农村看望玉兰的父母。两位老人正在 shāng ________量摆 yàn ________席的事。因为这是农村的 guī ________矩。如果不请客,亲 qi ________朋友会说他们。玉兰认为不用请客了。可是两位老人不同 yì ________,最后他们决定 yóu ________他们来办。

8. Character riddle.

池中没有水,地上没有土,他家没有人。

(The key is a character.)

(Key to the riddle in Lesson 37:观)

9. Fill in the blanks with the proper verbs.

(1) 她(　　)给了一位厨师,生活很幸福。
(2) 明天这里要(　　)一次很大的活动。
(3) 大为在墙上(　　)红双喜字。
(4) 小燕子没有(　　)我的气。
(5) 妈妈(　　)孩子不认真学习。

10. Choose the correct answers.

(1) 这次________是你对了。

A. 看　　B. 算　　C. 连　　D. 太

(2) 我们已经等了他________几个小时了。

A. 很　　B. 太　　C. 好　　D. 多

(3) 这个足球场坐得________ 2 万人。

A. 上　　B. 下去　　C. 起　　D. 下

(4) 我们以后不________来这里了。

A. 又　　B. 还　　C. 就　　D. 再

(5) 他那么年轻________像是四十岁的人。

A. 谁　　B. 什么　　C. 哪儿　　D. 怎么样

11. Make sentences by matching the words from part I with those from part II with lines.

I	II
你想去哪儿	说得不太流利
他说汉语	我也得去
今天的天气比昨天	不是这个意思
说什么	就去哪儿
我说的	冷多了

12. Write sentences with the words given.

For example: 说　好　他　得　汉语　很 → 他汉语说得很好。

(1) 得　我　口　可是　开　了　怎么

(2) 玉兰　嫁　决定　杰克　给　已经　了

(3) 脑筋　我　是　爸爸　老

(4) 不　她　吃　什么　想　也

(5) 已经　几　好　结婚　个　他们　了　月

13. Make sentences with the words given.

(1) 说到……

(2) 不算很好
(3) 什么……什么……
(4) 又……又
(5) ……得很

14. Change the following sentences into the statements with the interrogative pronouns given.

For example:他所有的东西都不想吃。(什么)→ 他什么也不想吃。
(1) 这个电影很有意思,大家都喜欢看。(谁)

(2) 他没有钱,没出去旅行过。(哪儿)

(3) 我好像在一个地方看见过他。(哪儿)

(4) 你别问他了,他一点儿也不知道。(什么)

(5) 今天早上他身体不好,一点儿东西也没吃。(什么)

15. Translate the following sentences into English.

(1) 我老了,今年78岁了。

(2) 你爸爸是老脑筋,和我们想的不一样。

(3) 说到旅行的事儿,你们决定去还是不去?

(4) 你别说他了,他已经知道错了。

(5) 他住的地方很好找。

(6) 我问了好几个人,才找到那个书店。

16. Decide whether the following statements are grammatically correct (T) or wrong (F).

(1) 玉兰嫁杰克了。 (   )

(2) 北京的天气热得很。 (　　)
(3) 他们俩个是我的好朋友。 (　　)
(4) 我看那本书完了。 (　　)
(5) 这些生词你记得住记得不住? (　　)

17. Decide whether the following statements are true (T) or false (F) according to the text in "Reading Comprehension and Paraphrasing" of this lesson.

(1) 中国人在过生日的时候,常常在门上贴一个"囍"字。 (　　)
(2) 王安石是清代文学家。 (　　)
(3) 出上联的是一位小姐。 (　　)
(4) 王安石没有和那位小姐结婚。 (　　)
(5) 王安石考试考得很好。 (　　)

18. Answer the following questions.

(1) 在你们国家,人们结婚有哪些习惯?

(2) 你参加过中国人的婚礼吗? 如果参加过,介绍一下那次婚礼的情况。

(3) 除了课文中介绍的中国人结婚的习惯,你还知道别的吗?

(4) 在你的国家,如果你的朋友要结婚,你会送什么礼物?

19. Read the passages and do the following exercises.

(1) Translate the following words according to the passage.

他们真的恋爱了

拉法是一位法国姑娘，找了一位中国小伙子做丈夫。

拉法在语言学院学习汉语。一天傍晚(bàngwǎn)，她在校园的小路上散步，对面过来了几个中国小伙子。一个高个子的小伙子笑着对拉法说："嗨！你好，欢迎你来中国！"然后他们就笑着走了。

后来，拉法常在小路上见到他，每次都要互相打招呼(dǎ zhāohu)。拉法刚开始学汉语，小伙子既不会说法语，又不会说英语，他们俩就靠简单的汉语和手势(shǒushì)谈话。除了身体健康、个子高大以外，小伙子给拉法最深的印象(yìnxiàng)就是实在、热情。

拉法学习很忙，她常常吃方便面，不去留学生餐厅吃饭。有一天傍晚，拉法正在图书馆看书，小伙子捧(pěng)着一盒饺子，悄悄(qiāoqiāo)地把拉法叫到外边，要她吃晚饭。拉法被这个热情的小伙子感动了。她觉得他真不错。

一个周末，拉法和几个法国朋友去爬长城。因为衣服穿得太少，回来就感冒了。她头疼，发烧，不想吃东西，一直睡到第二天中午。这时，拉法听到有人在轻轻地敲宿舍门，她头很晕，爬起来去开门。她看见那个小伙子正捧着一碗热汤面站在门口。拉法好像见到亲人一样，激动得哭了，她说："谢谢，请进！"

小伙子看拉法病得不轻，心里也很难过(nánguò)。他让拉法躺下休息，又是倒水，又是喂药，打着手势，劝(quàn)拉法吃了半碗热汤面，还陪着她去医院打针。拉法虽然头很晕，但心里很明白。她觉得自己愿意听他的话，已经爱上这个中国小伙子了。

后来，他们经常在一起，拉法的汉语水平提高得很快。他们互相了解得越来越多，感情也越来越深。他们真的恋爱(liàn'ài)了。

这小伙子叫李华，当时，他是语言学院的一个普通工人。他很善良(shànliáng)、也很真诚(zhēnchéng)，走到哪儿都有很多朋友。他第一次跟拉法打招呼，只是跟几个朋友打赌(dǎdǔ)，要表示自己的勇气(yǒngqì)。后来他真的喜欢上了这个漂亮、热情的法国姑娘，所以他特别关心她的生活和学习。

有人问拉法，你为什么喜欢一个普通的中国工人。拉法回答说："我不管小伙子做什么工作，有没有钱，我喜欢的是他的真诚和实在。一个对朋友那么真诚的人，一定是个值得相信的男人。"

后来，他们俩结婚了。小伙子跟拉法一起去了法国，听说，他们俩现在已经有两个孩子了，一家人生活得很幸福。

a．傍晚
b．打招呼
c．手势
d．印象
e．悄悄
f．捧
g．亲人
h．难过
i．劝
j．恋爱
k．善良
l．真诚
m．打赌

（2）Try to read and recite the following Tang poem.

无　题	Wú Tí
［唐］李商隐	［Táng］Lǐ Shāngyǐn
相见时难别亦难，	Xiāng jiàn shí nán bié yì nán,
东风无力百花残。	Dōngfēng wú lì bǎi huā cán.
春蚕到死丝方尽，	Chūncán dào sǐ sī fāng jìn,
蜡炬成灰泪始干。	Là jù chéng huī lèi shǐ gān.

（3）Complete the following statements after reading the passage.

拜天地

中国人举行婚礼，一定要三拜（bài）：一拜天地，二拜父母，三是夫妻对拜。“拜天地”的风俗中国古代就有，已经有好几千年的历史了。

传说，女娲（Nǚwā）造人的时候，开始只用泥土（nítǔ）造了一个男孩子。一年一年地过去了，男孩子已经长成大人。他是一个很健康、很帅的小伙子，常常在月光下散步。他对月亮说：“月亮啊，月亮！要是有一个女孩子，每天晚上像你一样陪着我散步，那该多好！”这时，月亮里走出一位老人,飞到了他的面前。老人笑着问小伙子:“你刚才说什么?是不是想结婚了?我是管婚姻大事的老人。大家都叫我‘月老’。你是不小了,该有妻子了。小伙子,别着急,这事儿我去给你想办法。”月老说完话,一转身(zhuǎnshēn)就不见了。小伙子还以为自己在做梦呢。

月老真的找女娲去了,他把小伙子希望有一个女朋友的事儿跟她说了。女娲哈哈大笑,她说:“我怎么把他的事儿忘了呢?谢谢月老提醒(tíxǐng)我。您等一等,我现在就给他造一个姑娘。”女娲一会儿就造好了一个美丽的姑娘。

月老带着姑娘去见那个年轻人,那个小伙子一见这位姑娘就很喜欢。

月老说:“你们互相都还满意(mǎnyì)吧?要是你们同意(tóngyì),我现在就给你们举行婚礼。”他们俩都表示同意。月老说:“好,你们站好,听我的。婚礼开始,新郎新娘一拜天地!”他们俩就拜天地。月老又说:“二拜父母。”小伙子问月老:“谁是我们的父母?”

月老说:“这事儿你们以后去问女娲吧。你们父母不在这儿,就拜我月老吧。”姑娘和小伙子都说:“我们是该感谢您!”他们就拜了月老。月老高兴地说:“祝你们俩生活幸福。第三,新郎新娘对拜。”小伙子和姑娘听了,就互相拜了一拜。

从此,举行婚礼要“拜天地”就流传下来了。现在中国农村举行婚礼还有这“三拜”。

a. 一拜______________。
b. 二拜______________。
c. 第三拜是______________。
d. 现在______________举行婚礼还有这三拜。

20. Use at least 8 words and phrases from the following list to describe the wedding ceremony and marriage custom in China.

去政府登记　拿结婚证　喜糖　红双喜字　举行婚礼　请客
热闹得很　摆宴席　岳父　岳母　规矩　算

21. One of your Chinese friends is getting married. Think about the wedding gift you plan to give him/her. And then write a card to him/her to express your best wishes and the reason why you choose the specific gift.

(Key to the riddle in Lesson 38：也)